教職をブラックと呼ばないで

―学校現場からのお願い―

橋本健夫 編

序

はじめに

　昨今、教職はブラックだとの報道が、多くのメディアでなされています。また、若い人たちが3K的な教職を避けた結果、各県の教員採用試験の受験者が激減しているとの記事もあります。その中で、教員採用一次試験の競争倍率が各県ともに下がり、約2倍という県の存在も示されています。受験者が採用予定者数の2倍しかいないということは、採用試験が選抜という役割を果たさないことを意味します。それは、適性を診る二次試験での合否判定や他県に就職すると決めている受験者の存在等を考えれば、県は受験者のほぼ全員を合格させざるを得なくなります。これは10年前には考えられなかった状況です。

　そのせいでしょうか、昨年、今年と4月に教壇に立った先生が、5月の連休明けには学校に来れなくなった、あるいは、夏休みを前にして退職したいと申し出た等の初任者の挫折情報が耳に入るようになりました。また、危機感を抱いた県や市は、従来7月に実施していた教員採用試験を民間企業の採用時期に合わせて6月に前倒しすることや、従来年1回であった採用試験を2回にすること等によって、受験者を増やそうと一生懸命になっています。そのあおりを受け、教員免許状の取得可能な大学では、従来採用試験前後に行っていた教育実習の時期の変更を実習校に打診したり、実習に必要な科目の低学年への移行など対策に大わらわです。

よく似た状況が社会福祉学分野でも起きています。年々、社会が高齢化して福祉の分野に多くの人材が必要だと社会が認め、企業等からの求人も多いにもかかわらず、社会福祉分野に進もうという高校生は減り続けています。一方、教員免許状を取得可能な学科等の受験生も福祉分野ほどではありませんが、徐々に減少しています。さらに、教員免許状を取得しても教職を選択することを躊躇する学生も少なくありません。これは、メディアが指摘するように、高校生も大学生も教職はブラックだという認識を持ち始めた結果なのかもしれません。しかし、社会の安心を担う福祉分野や、国の基盤を作る学校教育に関する分野に若い人たちの目が向かなくなることは憂慮すべき事態です。

ほぼ半世紀、教職に携わる学生たちの成長を見守り、応援してきた著者にとって、この問題を見過ごすことはできません。もっとも、「見守り」ではなく「反面教員」であったのかも知れませんが…。

近頃、定年で教職を退いたゼミの卒業生が、研究室を訪ねてくれたり、同窓会に呼んでくれたりと、嬉しい機会に恵まれるようになりました。ここでは、学生時代の馬鹿話に興じるのですが、上述のブラックも話題に上がります。この時、彼・彼女らは、「ブラックでは続けてこれなかった。嬉しいことも楽しいこともたくさんある充実した職場だった」と口を揃えます。そして、「メディアは一部を誇張してる。子どもたちを育てる大変さはあるけど、子どもたちからもらう元気の方が大きいよね」に皆さんが頷き、「普段目に留まらない、ごく普通の先生の姿や想いを社会に発信して、ブラックを明るい色に変えてもらいましょう」ということになりました。ごく普通の先生だった、あるいは、ごく普通の先生として勤務しているゼミの卒業生が語る教職への想いを読んでいただき、教職を何色にするか判断してください。加えて、著者が教育研究や教育実践の師と仰ぐ先生方が、趣旨に賛同して意見を寄せてくれました。広い視野からのお話にも耳を傾けていただければ幸いです。

2024年2月

橋本　健夫

目次

教育関連用語の説明

校務分掌……学校運営に必要な事項を分担して、教員が行う業務を言う。（例：学校行事に関する連絡や外部団体との調整など、様々な事項が割り当てられる）

理科振興費…理科教育振興法に基づき、理科及び算数・数学において、自然及び科学技術に対する関心や探究心を高め、科学的な知識、技能及び態度を習得させる目的で、備品等を計画的に購入するために特に配当された財源を言う。

教材園………学習目標を達成するために、直接児童・生徒が栽培したり、観察したりする花壇や畑等を言う。観察実験園や自然学習観察園等と称することもある。

机間指導……授業中に、教員が一人ひとりの児童・生徒の側まで行き、学習の進度や理解の状況をチェックし、それに合わせて行う個別指導を言う。

初任研………初任者研修。教育公務員特例法第23条及び附則第5条による研修であり、新規に採用された公立の小学校等の教員に対して、実践的指導力と使命感を養なわせるとともに幅広い知見を習得させるために、採用の日から1年間行われる研修を言う。

臨採…………臨時採用教員。臨時的任用教員を言う。（教員免許状は有するが、期限付きの採用者となる）

通級…………通級学級。特別支援学級の一つで、情緒障害、発達障害、言語障害などの特別な支援が必要とされる児童生徒を対象とした学級を言う。ただし、児童生徒の在籍は通常学級のままであり、週に1時間や2時間、通級指導教室の教諭の指導を受ける。指導内容は、個に応じた特別な教育課程を、年間を通じて計画して行う。この際、通常学級の授業を受けたとみなすことができる。学校内に設置できない場合は、他校の通級教室に通うこともできる。

配当学級……学級の状況に応じて支援員などが配置された学級を言う。

ＴＴ…………ティームティーチングと呼ばれ、2人以上の教員がチームを組んで行う授業形態を言う。

社会体育……主として青少年及び成人に対して行われる組織的な体育を言う。学校における教科としての体育は学校体育と呼ばれ、それに対して学校を離れた場で行われる体育を意味する。指導は地域の人材や保護者等が行う。

療育（発達支援）…障害のある子やその可能性のある子に対し、個々の発達の状態や障害特性に応じて、困りごとの解決と、将来の自立と社会参加を目指した支援を言う。このため、療育では対象となる子どもの現在の困りごとや発達の状況、障害特性に応じて、個別の支援計画が作成され、支援が行われる。また、併せて家族への支援も行う。療育（発達支援）を担っている機関としては、児童福祉法に基づく児童発達支援センターや児童発達支援事業所があり、これらは幼児（0～6歳）を対象とする。小学生以上の機関は、放課後等デイサービスなどがある。

学童……共働きや一人親の小学生の放課後（土曜日、春・夏・冬休み等の学校休業中は一日）の生活を継続的に保障し、親の仕事と子育ての両立支援を保障するための施設を言う。学童は、家庭に代わる毎日の「生活の場」であり、安全で安心な生活を保障する場である。

わたり……複式学級（2学年で構成される学級）の学習指導において、1人の教員が2つの学年の学習を成立させるために、1単位時間（45分）の学習過程の中で「直接指導」と「間接指導」のバランスを取りながら、両方の学年を交互に移動して指導を行う際の教員の活動形態を言う。

ずらし……複式学級の学習指導において、学年別指導を効率よく進めていくために、教科や学習内容に応じて両学年の学習段階をずらして組み合わせ、児童への「直接指導」と「間接指導」によって学習を成立させる方法を言う。例えば、一般的に授業の導入では課題把握を行えるように直接指導を行い、その同じ時間帯のもう一方の学年は、個別に前時の復習を行う（間接指導）というように、指導過程をずらすことを意味している。

第一章　教職の今

41才で夢を叶えた私

敷島　有希子

二十数年前、N県の小学校教員採用人数はわずか30人。大学4年生だった私は、小学生からの夢だった「小学校の先生」になることを諦めました。そして、卒業後すぐに結婚し、4人の子どもにも恵まれ、のんびりした日々を送っていました。その私がどうして教員になったのか。これは、私に訪れた〝4つの転機〟についてのお話です。

転機①：　ある日、長女が通っていた幼稚園の園長先生から「学童の先生になってくれませんか？」とのお話がありました。私はすぐに承諾し、「親としてさせてやりたいこと、でも働きながらではさせてやれないことを子ども達に経験させたい」をモットーに、洋服が真っ黒になるまで泥遊びをさせたり、少し離れた公園までドライブし、芝生の上をはだしで走らせたり、様々なイベントに参加したり、市の国際交流員や近所のスペシャリストを学童に招き交流したりなど、10人程度の小学生を相手に楽しい日々を送っていました。学校の教員でもなく、親でもない微妙な立場ではありましたが、教員目線・親目線、どちらも兼ね備えた、程よくゆとりのある立ち位置がとても心地よかったのです。

転機②：

学童の教員を始めて2年後、息子が通っていたレスリング教室の指導者（小学校教員）から、「市の教育支援助手にならないか？」とのお誘いがありました。我が子のためにも、夕方は家にいたいという思いから、学童の教員を辞めて、教育支援助手の仕事を始めました。この選択がその後の私の人生に大きく関わってくるとは、思ってもみませんでした。

教育支援助手の仕事内容は、授業中困っている子のサポートや先生方の教材準備のお手伝いなど、裏方としての仕事が主です。当時、m市では教育支援助手制度が始まったばかりで、小学校としてもどのような仕事をしてもらえばいいのか手探りの状態でした。だから、私は校長先生の許可のもと、配当学級だけでなく、空き時間には様々な学級に入り子ども達と交流したり、プール指導の時期には一日中プールに入っていたり、校内の掲示物を自主的に作ったりなど、思いつくままに活動させてもらいました。「荒れている」と言われていた小学校でしたが、実際に子どもたちと接してみると、表現が下手なだけでとても甘えん坊で、今でもすれ違うと「先生！」と声をかけてくれるほど、とても愛らしい子どもたちでした。そして、〝荒れた学校〟に集められたパワフルな先生方を目にすることができました。小さなことにはこだわらず、いいと思ったら一丸となってすぐ行動に移す先生方で、とにかく団結力がありました。そんな先生方や子ども達との出会いをきっかけに、10年前に諦めた私の夢「小学校の先生」がいつの間にか復活していました。

転機③：教育支援助手として4年間勤務していた小学校で、病休の先生が出ました。12月のなかなか代替教諭が見つからない時期だったため、私にできることがあればという思いから、市の採用（教育支援助手）を県の採用（臨時採用教諭）に切り替えました。それからはもう大変です。昨日まで教壇に立ったこともない支援員だった私が、次の日からは4年生の担任になったわけですから。

支援助手として、4年の学級にはほとんど入っていなかったため、何をどこまでしたのか、これからどうすればいいのかが、分かりません。しかも、10日後には通知表を提出しなければなりません。さらに、2月にはビッグイベントの〝2分の1成人式〟が待っているという状況の中で、ギャングエイジの4年生との学校生活は、毎日が戦いでした。どうやって過ごしたのか記憶がないほどです。ただ、職員の方が全面的に協力をしてくれたことや保護者の方がとても温かかったことが救いでした。

転機④：それから6年間、臨時採用として7つの小学校（2校兼務もあり）で勤務し、学級担任だけでなく、ＴＴ専科・理科専科・通級担当も経験しました。その中で、それぞれの楽しさも、難しさも学びました。しかしそれ以上に、たくさんの先生方との出会いが、私の宝物になっていきました。

折しも、「N県の教員が足りない」というニュースが目に飛び込んできました。自分のこともままならない私ですが、「大変だ、困っている」という切羽詰まった声を聞くと、なぜか「ならば私が！」という気持ちが芽生えてきてしまうのです。よく考えると、その年は、長女の大学受験の年です。そこで私たちは、「一緒に合格を目指そう！」と声を掛け合って、採用試験を受験することを決意しました。

このように、夢を叶えて41才で新規採用教諭となりました。しかし、初任者研修に参加すれば、我が子同然の若い教員ばかりです。また、ＩＣＴ機器にもついていけず、習ってもすぐに忘れてしまう状態です。新参者なのに、見た目でベテランと思われてしまうなど、現実はそんなに甘くありませんでした。そして、「やっぱりこの歳の私には無理なのかな」と、何度もくじけそうになりました。

でもある時、先輩の教員が「先生は、〝お母さん〟ということが強みよ」と言ってくださいました。確かに！教員目線だけでなく、親目線からも子どもたちを育てることができると思いなおしました。保護者の方の気持ちがわかり、相談にものることができる。そして、子どもも達に安心感を与えることができる。今のこの歳だからできることもたくさんあることに気づいたのです。今は、学童の教員として、また地元の主婦として手に入れた人脈により、様々なスペシャリストとつながり、「ふるさと教育」に役立てることができています。また、教育支援助手として手に入れたたくさんの技により、授業や掲示物だけでなく、行事などでも一味違った演出をすることができています。そして、お母さんとして手に入れたエンターテイナー性により、様々な体験談を語ったり、いろんな場面で仮装をしたりして、子どもを引きつけることもできています。今や、誰にもまねすることのできない、私の一番の強みになっています。

このように、私に訪れた転機は、私自身を大きく成長させ、子どもの頃からの夢を叶えさせてくれました。これからは、子ども達を少しでも変身させることができる〝転機〟を与えられる教員になることが、私の夢です！

敷島　有希子（２０００年度卒業）

天職

M・S

私には小学1年生の息子がいる。
普段から学校での授業や生活の様子、友人の話をしてくれる（まだ母と会話を楽しんでくれる反抗期前の可愛い時期）息子だか、ある日、いつも通り息子の学校での話を夫と共に聞いていた時。

息子「この前◯◯くんがお友達に死ね死ね、てひどいことを言っててね」
私「それはひどいね」
息子「そしたら先生がものすごく怒ったんだよ」
夫「お母さんとどっちが怖い？笑」
息子「先生」

私・夫「えっ」

意外だった。

心に余裕を持てずに息子を叱る時の私は、客観的に見ても恥ずかしいほど気が狂った有様だ。自分も夫もそれをよく知っている。それを上回る叱り方とはどれほどのものか。

私　「お母さんより怖かったの？」
息子「うん、凄かったよ。うぉぉぉぉぉ‼て」

その話を聞いて私は思わず嬉しくなった。

近頃は教員が手を上げるなど言語道断、叱る時はものすごく気を遣って考えて叱らなければならない。何か問題があれば、すぐに世間から非難され叩かれてしまう。常に親や子どもの評価を気にしながら行動を取らなければならず、私たちの時代とは全く違う教員の在り方となっている。

息子の先生は私とさほど変わらない年齢で、3人の子どもがいるワーキングマザーだ。息子1人育てるのでさえアップアップしている私にとって、3人の母で、フルタイム勤務。尊敬でしか無い。きっと私生活も常にフル稼働なのだろう。そんな彼女は教員としてもベテランである。テストや宿題は定期的に返却され、必ず良いところ、出来ていないところを細かく指摘してくれている。学校で何か友人とのトラブルが起こると、どんなに些細な問題でも双方の親に連絡をとり、内容を伝え、問題解決へと導いてくれる。個人面談では息子の学校での様子を事細かに教えてくれ、褒めてくれ、直すべきところも包み隠さず話してくれる。学級懇談の場ではそれぞれの児童の兄弟構成や環境なども把握した上で親たちと話し、とても信頼されている。

息子もこの先生の事がとても好きなようだ。（厳しいところもあるというが）

冒頭の息子の話に戻るが、彼女は今の時代に少しそぐわない教員かもしれない。私も一度彼女が児童を厳しく叱っているところを見た事がある。

しかし、息子の話を聞いた時、私は嬉しかったのだ。

教員が、子どもや親に気を遣う環境になっている現在、良くも悪くも子どもたちにとっていろんな影響があるだろう。しかし大事なことは、子どもの事を一番に思い、教え、褒めて、叱る、という教員が子どもにとって、親にとって何よりの存在であるということだ。

まさにこれこそ「天職」、天から授かった勤めだと私は思う。今の時代、そういう思いはどれだけあるのだろうか。

息子の話だけで、実際にその場を見たわけでは無いし、先生の叱り方によっては賛否両論あると思う。しかし、彼女は本当に児童の事を思ってとった行動なのだと私は思う。「死ね」という言葉がどれだけ相手の心に重くのしかかり傷付けるものであるか、言って良い言葉と悪い言葉をしっかりと伝えたかったのだろう。

同時に彼女は3人の子どもをもつ母親であるから、親としての考えも交えてその児童に厳しく教えたかったのかもしれない。

私は息子の小学校初めての教員がこの先生で良かったと心から思う。

Ｍ・Ｓ（２００６年度卒業）

たった一人の卒業生

髙尾　晃

「私は、これまで、およそ千人の子どもたちと出会ってきました、髙尾先生、子どもたちは先生にとって宝物ですからね。しっかり学んで立派な先生になってください」。

大学3年生の教育実習でご指導いただいたS先生の言葉です。当時、千人という途方もない数を示されたことにあっけにとられながらも、目の前の30人を前に日々悪戦苦闘しながら、実習を終えたことが、つい昨日のことのように思い起こされます。附属小学校での教育実習では、6年生のクラスにお世話になり、約1カ月間、S先生の姿を目に焼き付けながら、教員としての基本を学ばせていただきました。授業の良し悪しは、当時は全くわかりませんでしたから、クールで、渋くて、時々冗談を言っては子どもたちを笑顔にする先生のかっこいい姿に憧れ、S先生のような先生になりたいとの思いを持ち、教員採用試験に臨んだ記憶が蘇ります。

あれから、早いもので三十数年が過ぎようとしています。駆け抜けてきた教員生活であったなと思います。S先生の言葉のとおり、様々な地区で大小いろいろな学校を経験し、担任をはじめ、教務主任、管理職を経験し、出会った子どもたちは優に千人を超える年齢となりました。

学校に勤めていると当然ではありますが、忘れられない様々な思い出があります。その中には、思い出したり話題にしたりするだけで、心がほっと温かくなるものから、思い出したくないなということや、話し出したらとても悲しくなることまで、本当にたくさんの出来事があります。子どもたちとの毎日は、変化に富み、単調ではありませんから、苦労したこともたくさんあります。しかし、振り返ってみると、教員の仕事は、大変だけど実にやりがいのある仕事だと断言できます。

言い切ったのですから、自身の記憶を遡り、出会った子どもたちの中から一人を紹介しようと考えました。随分と悩みましたが、教え子の一人、Kくんのことを紹介します。

Kくんとは、現在のt市立y小学校（当時はk郡k町立y小学校）での出会いになります。

y小学校は、t市の最北端にある、小中併設の学校でした。校区は、tとwの2地区からなり、wにある展望台からは、対岸の隣国の夜景を見ることができます。tは、国境の島とも言われますので、その最前線であったこの地区には砲台跡があるなど、昔から国防上の要衝であったことがわかります。w沖には、航空自衛隊のu島分屯基地があり、自衛隊に勤務する方々のお子さんのほとんどは、y小学校に通っていました。y小学校は、地元の子どもたちと自衛隊、教職員の子どもたちが通う、児童数40人ほどの学校でした。

私は、ここで6年間勤務しました。

N県の教職員は、広域人事異動で離島地区の学校勤務を経験しなければなりません。初任校での5年間の勤務を終え、初めての異動がtだったのです。

Kくんを担任したのは、6年間のうちの3年間でした。Kくんが4、5、6年生時になります。入学した時には、同級生が4人いたのですが、ご家族の転勤のため、一人また一人といなくなり、5年生の時には、ついに学年でただ一人となりました。上の学年には6人、下の学年には7人の在籍がありましたので、教室の中では一人になることはなく、賑やかに教室での生活を送っていました。

6年生になるとそれまでと違って、最高学年として入学式や運動会、学習発表会等の学校行事にはすべて関わらなくてはなりません。「一人だから大変ではないか」「6年生にこだわらなくても5年生に任せればいいのではないか」という意見もあったのですが、Kくん一人に任せることを意識して学級経営を行いました。私の中には、「きっとKくんなら一人で何人分もできる」と信じる思いと、あえて鍛えようという思いが強かったのです。不思議なもので、一人に任せるという方針で教育活動を積み重ねていくうちに、授業では、様々な準備を手厚く施さなくても、自ら学習のめあてを立て、自分なりの見通しを持って学習に向かうことができるようになりました。本人のこれまでの経験や最高学年としての成長もあったのでしょうが、担任として、子どもたちに任せることの大切さ、子どもたち自身が持つ可能性を感じ取ったのはこの1年間が初めてだったように思います。

卒業式の日です。式のプログラムには、卒業生から在校生への「お別れの言葉」があります。Kくんは、一人で長文を暗記し、在校生のみんなへ思いを伝えました。この卒業式の様子は、「たった一人の卒業生」として新聞に掲載され、テレビ局の取材も入りました。Kくんの卒業を皆が喜び、1年間の頑張りを称えてくれました。

「来年は、転校生が来ないかな」と、Kくんはよくつぶやいていました。やはり、同級生がいてほしかったのだと思います。同級生ができたのは、中学2年生になってからでした。その当時、私は本土の学校に勤務していましたから、「同級生ができて本当によかったです」「時にけんかもあるようです。それも親としてはうれしいことです」と、Kくんのお母さんから便りが届きました。

Kくんは、地元の高校に進学し、野球部に入りました。高校2年生から主将、ポジションはキャッチャーでチームを牽引しました。夏の甲子園の県大会予選は、コールド負けでしたが、ビッグNスタジアムのバックネット越しに見るKくんは、常に笑顔でプレーし、実に生き生きとしていました。「K、よかったな。みんなと野球ができて。ナイスキャプテン！」球場を後にしながら、ひとり拍手を送りました。

Kくんは、高校を卒業して県外の水産大学校へ進みました。卒業後は、地元に帰り、潜り漁師になりました。小さい頃から憧れていたお父さんと同じ仕事をしています。今では、自分の船を持ち、独立して力強く生きています。ありがたいことに、Kくんからは、夏にサザエやアワビ、冬には、天然のブリが送られてきます。その度に、お礼の連絡をし、しばらく話をするのですが、毎回のように「先生は、厳しかったもんねえ」「校長先生なんですから、あまり子どもたちを叱らないようにせんばですよ」と笑いながら話してくれます。

千人のうちの一人を紹介しましたが、教育実習でS先生からいただいた言葉のとおり、出会った子どもたちは私の大切な、大切な宝物です。成人となった教え子に幼い頃の姿を投影し、その成長を喜ぶことができる。何年、何十年経っても「先生」と声をかけてくれる。こんな素敵な仕事を選んだ自分を誇りに思うとともに、残り少なくなった教員生活に、まだまだ全力で向き合っていこうと思っています。

高尾　晃（１９８９年度卒業）

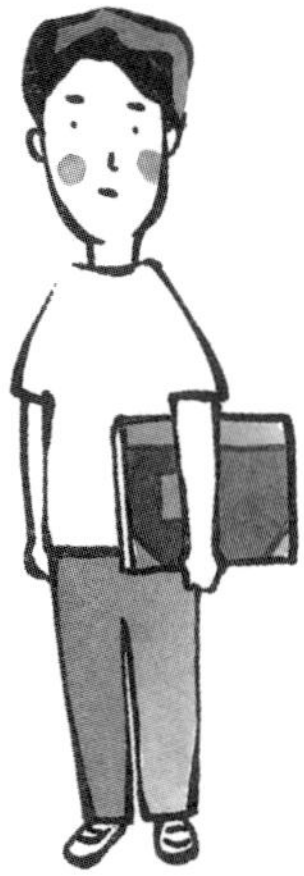

私たち親子の応援団

入口理沙

私は、小学生2人を育てています。そのどちらもADHDの傾向があるとの診断を受け、就学前から療育を受けたり、保育所にて個別の支援を受けたりしながら過ごしてきました。

私は小学校教員の経験もある保育士ですので、発達障がいについての知識は持っているものの、いざ我が子となると不安も多くありました。正直、我が子たちが発達障がいかもしれないと知らされてから、療育機関へ繋げるまでは迷いもあり、受け入れることは簡単なことではありませんでした。しかし、子どもたちのよりよい発達のためにできることがあるならば、親として少しでも何かしてあげたいと思うようになり、子どもたちのことを受け入れ、できる限りの支援をしようと心掛けました。そして、子どもたちの小学校入学前から、就学相談をはじめとして様々な機関に相談し、通級指導教室へ通うことを決めました。就学相談をした際、教育研究所の先生方は、子どもたちのことをしっかりと見てくださり、支援が必要な部分だけでなく、いいところもたくさん見つけてくださっていました。そして、それを私にとても嬉しそうに伝えてくださり、子育てや仕事でいっぱいいっぱいだった私自身も安心できたのを覚えています。と同時に、なんて素敵な先生がいるんだろうと、嬉しく思いました。

入学後は、担任の先生や通級指導教室の先生方とも相談をしながら、我が子たちは、週に1回、通級指導教室でソーシャルスキルトレーニングや運動など様々な面において、個別指導や、2~3人の小集団での指導をしていただくこととなりました。先生方もお忙しいにもかかわらず、指導後には毎回、その日の指導内容や子どもの様子、気になる点などを書いてご丁寧に報告してくださっています。そのお陰で、私自身も指導内容などを把握しながら、家庭での声かけの仕方や接し方を考えることができ、大変助かっています。家庭からも子どもの様子や困り感などを伝え、共通理解を図りながら指導していただいており、有り難い限りです。1年生の頃から通級指導教室でお世話になっていた息子は、先生方からのご提案で、3年生では週1回から隔週に1回に減らして様子を見て、何かあった場合は通級で対応していただくようにしました。本人も通級がなくても大丈夫そうだと自信がついたのか、4年生では隔週に1回から、月に1回と減らし、5年生となった現在は退級することができました。これも、これまでご丁寧にご指導くださった先生方のお陰と大変感謝しております。

また、娘が小学生になったばかりの頃は、今まで以上に落ち着きがなかったり、自分の気持ちばかり主張し、学童でも友人関係がなかなかうまくいかない時期がありました。学童の先生が、たまたま通級指導教室の先生と私がやりとりをするファイルを目にしたのをきっかけに、学校ではどんな指導をしているのか、学童としてもそれを把握して、同じ方向性で対応していきたいとのご相談がありました。すると、学校側はすぐに対応してくださり、学童の先生方と面談の機会をもってくださいました。学童の先生方も、学校での様子がわかり参考になったと仰っていましたし、私たちも心強く思いました。

このように、私たち親子は、学校の先生方や学童の先生方など、たくさんの方々に支えられ、いろいろなことを日々学びながらここまで成長してきました。たくさんの目で見守っていただき、私たちにとって、みなさんはとても心強い応援団です。大変感謝しております。

現在、私は保育士として就学前の子どもたちと日々過ごしています。これから小学校へ就学する子どもや保護者の方々が少しでも安心して過ごすことができるよう、自分自身の経験を踏まえながら多面的に支援していきたいと思います。そして、私自身も支援を必要とする子どもや保護者にとっての応援団の一員となれるよう、今後も心に寄り添った保育を心掛けていきたいと思います。

入口　理沙（２００８年度卒業）

職員室大好き

西平夏子

「こんなことあったんですけど」と、職員室に戻れば、話を聞いてくれる同僚たちがいます。その居心地の良さが、私が教員を続ける理由なのかもしれません。

大学を卒業するときの採用試験では一次を合格しましたが二次で落ちました。その時の採用倍率は30倍くらいだったのを覚えています。当時は大変悔しい思いをしましたが、私には必要な経験だったのだろうと今は考えています。

その後、私は臨時採用で5つの学校を回りました。初めて勤務した学校では、算数TTをしました。3・4年生の算数の時間に入り、子どもたちのサポートをしたり、学級を半分に分けて授業したりしていました。5人の担任の先生方は5人5様で、学級経営はもちろん、学習の展開方法なども違い、多くのことを学ばせていただきました。また、通知表がパソコン入力に切り替わった時期だったので、年上のパソコンに慣れない先生方から「なっちゃん、なっちゃん」と呼ばれ、パソコンの使い方を教えては重宝がられました。そして、子どもたちの宿題の作成など、自分でやれることを見つけては過ごしていました。空いた時間には、3・4年生の先生方と子どもたちの話をしたりしながら、実に居心地のいい職員室であったことを覚えています。次の年には同じ学校で担任をさせていただき、いろんなことがありましたが、先生たちに支えてもらってどうにかやり遂げることができました。現在は、正規教員として7才、4才、2才を育てながら担任をしています。忙しくはありますが、どうにか毎日を過ごしています。

さて、私が一番伝えたいのは、職員室の雰囲気がいいと、どんな学校でも教員の務めを果たしていけるということです。子育てが大変で休むこともあり、周りに迷惑をかけること多いですが、支えてくれる先生方がいることで私は働き続けることができています。そして、一生懸命努力すれば、いろんな先生が支え、味方になってくれます。これまで十数年間に、7校で働いてきましたが、私が勤めた学校では職員室の雰囲気がとてもよく、楽しい時間を過ごすことができました。

ボウリング大会に出場し、打ち上げ会をした後に、またボウリングを3ゲームやって、みんなで腕が上がらくなったこともありました。若い女性の先生方が多い職場では、旅行に行ったり、恋バナをしたり、宅飲みしたりで盛り上がりました。年上の男性が多い職場では、スナックやカラオケに行き、同僚の結婚式では全力でお祝いのダンスを踊りました。

楽しいのは校外だけではありません。夏休みの昼休みはバレーボールで汗を流したり、湯茶室でコーヒーを飲みながら、子どもたちの話や世間話、時には教頭先生の冗談に突っ込みを入れたりと盛りだくさんです。育児休暇中に職員室に行けば、先生方がおじいちゃんやおばあちゃんのようにわが子を抱っこしてもらうこともありました。

このような雰囲気になると、学級で起こった問題なども「今日はこんなことがあった。大変だった」と相談することもできます。若いころは、愚痴ると自分の指導力の無さがばれてしまうと思っていましたが、今では情報共有と称して、相談に乗ってもらうことで、適切な指導をしてもらえます。おかげで、担任だけで指導するというより学校全体で指導してもらっているという気持ちになっています。

これからも楽しい職員室、いい雰囲気の職員室を作る一員として、仕事に邁進しようと思います。

西平　夏子（２００８年度卒業）

教員を続ける理由

M・N

今回のテーマである「教員をブラックと呼ばないで！」を初めて耳にしたとき、「いいや、ブラックだ！」との声が私の頭の中を駆け巡りました。「じゃ、どうして辞めないの」という声も同時に聞こえたような気がします。そこで、この仕事を続けている理由について考えてみることにします。

大きな理由として「人とのつながりや出会いに支えられていること」が挙げられます。採用されてから同期の仲間との出会い、同僚の先生方との出会い、縁あって担任した子ども達や保護者の方との出会い、学校外の社会体育の場でがんばる子ども達やそれを支える大人達との出会い、遠く離れた離島の地と本土のつながりなど、挙げればきりがありません。この十数年間、いろいろな出会いに支えられてきました。嬉しいことにそれは、現在も続いています。もちろん、ゼミの仲間たちにもたくさん助けられてきました。多忙な時やなかなか仕事が思うようにいかないとき、少し立ち止まって休憩したり、飲みに行ったり、何でもないLINEをしてみたりで気分転換を図ってきましたが、みんなとつながることで、一緒に仕事をしてきた仲間や指導してくださった先輩方も、遠く離れた地におられる方々も、それぞれの地でがんばっていることや、今を必死に生きていることがつたわってきて、いつも背中を押されてきました。私が悩んだ一人であるAさんのことを紹介します。

Aさんを担任したのはAさんが2年生、3年生の時で持ち上がりの学年でした。こだわりが強く、一度しないと決めたら絶対にしないものですから、学習にも支援が必要な子どもさんでした。だけど突拍子もない言葉で周囲を笑わせてくれるユーモアと愛嬌のある子どもさんでした。家庭環境が複雑で、当時はお兄さんとお母さんとの3人暮らしでした。お母さんは日々の生活に一生懸命で、子どもさんの世話に十分に手が回らないこともあり、何度も面談をしたり、家庭訪問や電話対応をしなければなりませんでした。当時は、私の2人の子どもが保育園児でしたので、Aさんのお母さんとは同じ2人の子どもをもつ母親同士として共通話題もあり、悩みを共有することもありました。このAさんにとって、お母さんは絶対的な存在で、大好きなのですが、叱られることが多くありました。運動会前日の晩、今から寝ようという時に電話がかかり、受話器をとると、Aさんでした。受話器の向こうでお母さんの大きな声が聞こえるのですが、Aさんは言葉を発することができません。尋常ではないと判断して、管理職の先生に連絡してから、すぐに家庭訪問することにしました。

Aさんの場合、このような家庭訪問が何度かありました。その度にAさんのことが頭に浮かび、心臓の鼓動が聞こえそうな状況でハンドルを握っていました。今まで私が関わるほとんどの場合はAさんの行動や態度に、お母さんが腹を立てるという状況でした。学校で何度も協議を重ね、その結果を持ってお母さんと面談することも繰り返し、現状の改善を図ろうとしました。お母さんは私の話を良く聞いてくださり、その場は収まるのですが、すぐに電話がかかってくる状況でした。平穏なときは、Aさんは「ぼくはおかあ（母）のことだーい好きなんだよね。N先生も好きだけどさ」と話してくれました。ある日、お母さんと世間話をする中で「もう、本当に手のかかる息子達で大変！毎日疲れますよ」と言われたので、つい、「わかります。うちも息子2人なので」と答えてしまいました。その言葉がお母さんを傷つけたことが、後日分かりました。気を付けなければならない言葉だったと大いに反省しました。Aさんの家庭のことについて十分に把握しないまま言葉を発したことや、Aさんの家庭のことに寄り添えていなかった自分の軽はずみな言動に腹が立つやら情けないやらで、非常に落ち込みました。Aさん家族のことに関わることが多い中で、他にも心配な児童や支援が必要な児童への対応もあり、「この仕事、続けきらんかもしれん…」という不安に何度も襲われました。その上、独身時代と異なり、家に帰れば家事育児に追われる毎日でもありました。この状況を上手に切り替えることができないまま、異動の日を迎えました。

離任式では、転勤する教員に子ども達が花束を渡してくれます。私の担当はAさんでした。どんな挨拶をしてくれるのだろうと期待して待っていましたが、Aさんは表情がこわばり、言葉が出てきませんでした。全校児童が注目していますので、これ以上は待てないと思い、「ありがとう」と私が花束を奪い取るようにして受け取りました。ステージから降りて学級の列に並ぶと、Aさんは、周囲の子ども達がびっくりするほどの大きな声で、堰を切ったように泣き始めました。その場面が忘れられません。上手く対応できなかったことが多かったけれども、Aさんと出会えて、また、担任をさせてもらえてよかったと心の底から思いました。「どうしているかなあ」「家庭の様子は大丈夫かなあ」と、今でも時々Aさんのことを思い出します。幸い、家庭の状況も好転したとの情報も耳に入ってきました。当時の対応が正しかったのかどうか、自信はありません。もっと別の対応があったかもしれません。ただ、「Aさん家族は今も元気に暮らしている」とのこと、これより嬉しいことはありません。

教職を続けている中で、子どもの成長に携わることとの責任の重さを年々感じるようになりました。うまくいかないこと、一筋縄ではいかないことはたくさんあります。しかし、「それは生きた人間だから」と思うようになってきました。いろいろな子どもとその家族が集まる学校です。みんなお利口さんなわけはありません。だから学校って面白いのです。子ども達はいろいろな友達、先生に出会って、一人の人間として成長していきます。そのような過程を見守ることのできるこの職業。何て面白いのでしょう。毎日刺激的な日々を送ることができます。「教員はブラックだ!長く続ける気はないぞ!もう知らん!」と、何度も思いました。今も思うことは度々あります。だけど、何故か続けています。

振り返ると、前述した「周囲の人々とのつながり」に加え、「面白いから」が続けている大きな理由になります。楽しさと苦労は表裏一体です。何事もそうではないでしょうか。楽あれば苦あり、苦あれば楽ありです。まだまだ経験不足の私が言えることではないですが、最近そう感じられるようになりました。毎日何か一つは爆笑できることが学校の中にはあります。振り返ると、悩んでいたことも笑い飛ばせることもあります。何より子ども達はかわいいですし、成長する姿を見れば感動する素敵な仕事です。小さい頃から目指していた将来の夢ですが、夢が叶ったからといって順調ではないこともたくさんあります。理想の先生になれたなんて思っていません。また、思うことはないかもしれません。だけど、「面白いから」たぶん今後も続けます。

これから教員を目指すみなさん、日々奮闘している先生方、「一緒にやってみませんか」。ブラックではないですよ、たぶん。

M・N（2009年度卒業）

てんびんにかけてみても

林下　歩

この原稿の話をもらった時、執筆してよいのかどうか、とても悩みました。何故かというと、「教職を今後もずっと続けていくのか」は、ここ最近の私の重要なテーマだったからです。

この仕事に就いて、本当にたくさんの幸せを感じてきました。それは、挙げればきりがないほどです。「何かを教えたときに、初めはわからなかったことがわかるようになって、児童がうれしい顔を見せてくれたとき」の幸せ、「いつも口すっぱく言ってきたことが、いつのまにか何も言わなくてもできるようになってる！と感じることができたとき」の幸せ、「悩んでいることを打ち明けてくれて、一緒に相談に乗ることができたとき」の幸せ、「なんでもない他愛もないことをお話してくれるとき」の幸せ、そして、「心をこめて指導をしたとき、真剣に受け止めてくれたとき」の幸せなど、まだまだあります。本当に「ありがとう」の嵐です。

でも、これらの幸せをたくさん感じてきた私ですが、「きついなぁ、ほかの仕事もしてみたいな」と感じることがあります。それは、どうしてなのでしょうか。自分の使える時間が大幅に減っていることが、大きく関わっていると思います。我が子のお迎えなどのために、帰りの時間が制約されることや、個人的な理由でたびたびクラスを空けざるを得ず、子どもたちに自習をお願いすることは、私の心の余裕を奪っています。たくさん時間があるときは、心から自分が納得する授業を考えて教材を作り、クラスで実践し、振り返って改善しては子どもたちに返したり、次の授業に生かすことができていました。体力的にはきついこともありましたが、とても楽しい時間でした。

今はそれができません。授業も簡略化する一方です。もっと子どもたちからやってみたいことを吸い上げたいのに、残っている学習内容が頭をよぎり、早く終わらせるために余計なことをしないように心掛けることが続いています。とにかく楽しさが足りません。以前の教材を活用したり、ほかの先生が作った教材を共有したりして、教材研究をする時間を減らし、授業を行おうという雰囲気が当たり前になってきています。働く母としてはありがたいのですが、一方で、満ち足りた楽しさが足りないのです。今まで、自分自身で自分のクラスの子がどうやったら理解できるか、また、楽しく学べるかということを第一に考えて、授業を行い、クラス経営をしてきました。それを補わないまま授業に入っても、子どもを乗せられない、また、彼・彼女のやる気を高揚させることができない授業となり、絶望する日々が続いています。その上に、持ち帰った学習プリントに○をつけるために4時に起きないといけない日もあることもつらいのです。

このように書くと、「何の希望もないじゃん」って思われる方も多いかもしれません。「じゃあ辞めるか」というと、その答えにはたどり着かないのです。「それは、なぜなのか」、これが最近の私のテーマなのです。「辞めてもいい」と思うこともあります。そこに至らないのは、他の方には分からないかもしれませんが、多分、今の状況下で納得のいく授業や学級経営が行えない自分に悔しさを感じているのかもしれないのです。状況がどうであれ、まだ授業がうまくなりたいのです。「このような授業を」と思っても、全然うまくやれていないのです。自分のことに精一杯で、子どもたちに対しても、学校に対しても、しなければならないフォローが、まだまだなのです。私よりももっともっとすごい先生がまわりにいて、時間も上手に使い、それでいて、楽しそうに仕事をしているのです。私は、その域に達してみたいのです。そんな自分との闘いこそが、私が教員を続ける理由です。そして、その前に子どもたちや保護者の方、そして同僚の先生方から、たくさんの幸せをもらっていることを伝えておきたいと思います。でもやはり、これからの人生の中で、この仕事で得られる幸せとつらさを天秤にかける時が、きっと訪れると思うのです。「こんなに毎日絶望しているのに、どうしてやっていけるんだろう…」と悩みながらも、まだ挑み続けたいと思える魅力的な仕事だと、今の私は思っています。

林下　歩（２００９年度卒業）

人との出会いは宝物
―10年を経て思うこと―

平野亜咲

今年で教員生活10年を迎えました。10年を振り返ってみると、無我夢中で駆け抜けた毎日でした。この中で、辛いと思うことは何度もありました。しかし、「辞めたい」と思ったことは今まで一度もありません。小学校教員は全ての教科を子ども達に教えなければなりませんが、私にはこれといって得意な分野や教科がありません。毎日授業をする中で「やった！上手くいった！」と感じた授業はほとんどありませんでした。そんな私がなぜ辞めることなく教員を続けることができるのか、それは間違いなく「先生方との出会い」にあると思います。自分自身の能力は本当に乏しいと思うのですが、いつも周りには素敵な先生がたくさんいらっしゃいました。私はその先生方との出会いのおかげで教員を続けてこられたと思っています。今回は人との出会いに感謝の思いを込めて書こうと思います。

初任で勤めた学校は全校児童が70人程の小さな学校でした。その学校の教育理念は、「授業で子どもを育てる」というものでした。初めての担任で毎日の授業に追われる私を見て、ある先生が言われました。「授業は子どもにとって人生に1回。何を学ばせるか、どんな力を子どもにつけたいかしっかり教材研究をすること。そうじゃなければ、ただこなすだけの授業になってしまうよ」。その頃の私は、とにかく教科書通りに授業を進めることで精一杯で、子どもの学びやつまづきは二の次になっていたのだと思います。その学校の15人の先生方は、国語、算数、体育、図工、音楽、特別活動などの教科に、それぞれに堪能な先生がいらっしゃいました。「人物画を描かせるときにどんなことに気をつけたらいいですか」「体育が苦手な子どもでも楽しく運動するにはどうすればいいですか」などと私が初歩的すぎる質問をしても、周りの先生方は「私も学級に入るから、一緒に授業をしてみる?」とか、「去年の授業の記録や教材があるよ。読んでみて」と、快く教えてくださいました。時には一緒に指導案や教材を考えてくださることもありました。子どもの「できた」「わかった」のために行った教材研究は、今でも私の中に強く残っています。

2校目に勤務した学校は全児童が600人程の中規模校でした。自分が生まれ育った地域から離れ、知り合いが全くいない所でのスタートでした。また、学校が変われば、子どもも保護者も異なります。今までとの違いに戸惑うことも多くありました。そんなときに助けてくれたのは同学年部の先生でした。私が担任している教室の様子をのぞいてくださったり、子どもたちの下校後に「今日けんか起きてたでしょ、大丈夫だった？」と気にかけてくださいました。優しく気遣ってくれた先生方の言葉に何度も救われました。また、先生方は「明日の国語の授業で使うプリントこれでいいかな？一緒に印刷するよ」「校外学習の計画作っておくね」とたくさんの仕事を学年部で分担しながら行ってもくれました。いつも学年全体のことを考えて仕事をしてくださる先生方の姿を見て、私も学年部の一人として自分にできることをしたいと思えるようになりました。今までは自分の担任する学級のことばかりで頭がいっぱいでしたが、隣の学級を気にかけたり、学年部で協力することの大切さを学ばせてもらいました。生徒指導と保護者対応が続き、苦しい時期もありましたが、クラスの子どもの様子を見て頂けたり、放課後に「どうだった？」と雑談を交えながら私の話を聞いてくださる先生方のおかげで頑張ることができました。

3校目（現任校）の学校は複数の小学校が合併した後の学校で、1学年2クラスの学校です。4月初めの職員会議が終わり、私は学級の掃除・給食当番や宿題の提出の仕方など、新学期に子どもたちに定着させておきたい学級のシステムづくりの準備をしていました。学級を上手く運営するためには、子どもたちの役割や動きを明確にすることが非常に大切だと、前任校で教えてもらっていたからです。給食当番でない子どもたちにも「ノートをロッカーに配付する」や、「消毒液の準備・片付け」などの役割をあてることで、子どもたちが自分達で学級を動かすことができます。すると、「平野先生、それなあに？」と一緒の学年部を組むことになったベテランの先生に声をかけられました。そのシステムを説明すると、「なるほど～！みんなが動くっていいね。私もまねしていい？」と言われました。今までそんなことを言われたことがありませんし、ベテランの先生が、私がやっていることをまねしたいということに、本当に驚きました。2クラスで同じシステムを取り入れて新学期やってみると、「平野先生、給食当番のシステム、すごくいいね！教員が何も言わなくても自分達で声をかけあって動けるね」と言っていただき、とても嬉しかったです。この先生は、一緒に教材研究をする中で、私が「総合的な学習のまとめはタブレットを使って、新聞を作ってみたいのですが」と相談すると、「いいね！私のクラスもそうしようかな」と肯定的に私の意見を受け止めてくださいます。また、他の方法があれば教えてくださいますし、私の教材研究の観点がずれているときは正してくださいます。今までは「私みたいな若輩者がいろいろ提案したり意見したりするのはよくない」と思っていましたが、その先生の姿から、どんなに長く経験を重ねても、よりよいものを学ぼうとすることの大切さを感じ、それが謙虚な姿勢に繋がるのだと思いました。

この文章を書きながら、本当に私の10年は出会いに恵まれていたんだなと改めて感じました。出会いの一つひとつが今の自分を作っていると思います。教員10年目を迎え、中堅教諭等資質向上研修を受け、学校のミドルリーダーという立場にいるという話を聞きました。私にできることは何かと考えたとき、これまでたくさんの先生方から教えてもらったことを、子どもたちや若い先生、学校全体のために返していくことだと考えています。また、この文章を読んでくれている学生さんがいるならば、教員はこんなに素敵な出会いがある職業だよということを伝えたいと思います。また、数年前の私を救ってくださった先生方みたいにはできないかもしれませんが、毎日の授業を大切にして子どもたちの力を伸ばしていくこと、チーム（同学年部）を気にかけ協力すること、いつまでも学ぶ姿勢を持ち続けることが大切であると伝えたいと思います。私もこれからの新しい出会いを楽しみに、教員生活を続けていきたいと思っています。

平野　亜咲（２０１０年度卒業）

何気ない日常の中に

田多　玲

　太陽が昇って、校舎に朝日が差し込む頃、学校はとても賑やかです。先生たちが職員室に入ってくると、誰ともなく話が始まります。「今日は、朝学習の時間に読み聞かせがありますね」「そうですね。ところで、昨日のラグビーW杯の決勝戦観ましたか?面白かったですね」。時折、世間話を織り交ぜながら、今日の予定をテンポよく確認してきます。子どもたちが登校してくる頃になると、さらに活気が増してきます。教室では、「おはよう」「きょうの給食カレーだって。楽しみだね」と楽しそうな声で盛り上がっています。何気ない日常の中に、たくさんの学びが詰まっています。その学びの中で子ども一人ひとりが成長していく姿を目に焼き付けられる魅力的な職業、それが教員という仕事です。

　子どもほど、柔軟な生き物は他にはいないでしょう。自分の弱さを見つめながら、打ちのめされるのではなく、次の瞬間には強さに変えられる姿を見ることがあります。朝の会の時間には、テーマを決めてスピーチを行う活動があります。その日は、3人で行う日でした。1人目は、活発に意見を言える元気な男の子です。2人目は、優しくてしっかりした女の子です。3人目は、人前で話すのが苦手な控えめな女の子です。3人のスピーチが始まりました。「僕の、秋の楽しみは、やっぱり食欲の秋です。大好きなほくほくとした焼き芋を食べるのが楽しみです」と元気な声が響きました。この男の子が終わり、2人目の女の子へとスピーチは順調に進んでいきました。しかし、3人目になった時、スピーチが止まってしまいました。みんなが心配していたように、3番目の女の子は固まって口を開くことができません。学期始めのクラス開きの際にも、彼女は自分の自己紹介が出来ずに、友だちが代行したことが脳裏を横切りました。さて、どうするかと見守っていると、2人目の女の子が顔を寄せて、「一緒に読もうか」と助け船を出しています。以前のように、代わりに読んでもらうのかと思っていると、首を横に振って、「大丈夫」と返事をしました。そして、大きく息を吸って、しっかりとした声で「私の秋の楽しみは…」と話し始めました。クラスの子どもたちは、彼女自身が発表してくれるとは思っていなかったので、驚きと嬉しさが混じった顔で真剣に聞いていました。話し終わった彼女の顔は真っ赤で高揚した表情をしていましたが、達成感に満ち溢れていました。次の瞬間、クラス中に温かい拍手が満ち溢れました。

さて、彼女はなぜ人前で話す事ができたのでしょうか。一つは、人前で話すのが苦手だなと思う自分の弱さをそのままにしておきたくはなかったのです。彼女は、負けず嫌いの一面を持っていました。だから、クラスのみんなみたいに話せるようになりたいという思いを強くしたのです。もう一つは、彼女の保護者も人前で話せるようになって欲しいという願いから、彼女を励まし続けていました。そのため、家でもスピーチの練習をしていたようです。このように、女の子は、自分の弱さに向き合い、それに打ち勝つ努力をし、人前で話すことができたことによって、自分の強みをまたひとつ身に付けることができました。加えて、これまで助けてもらった周りの優しさに感謝し、優しさの輪を広げていってくれることでしょう。そして、彼女を励まし続けてくれた保護者の方とすぐに連絡を取り、喜びを分かち合いました。

このように、何気ない日常の中に子どもたちの成長は溢れています。そして、成長を通して自分の強み、個性に気づいて羽ばたいていく姿を見ることができる教員の仕事は、とてもやりがいがあります。これから、ますます多様化する社会に即して、教員の在り方も変わってくるかもしれません。しかし、子どもたちの成長を彼・彼女らに加えて保護者の方々と一緒に喜び合える関係は、これからも変わらずに大切にしていきたいと思います。

田多　玲（２００９年度卒業）

リバースできたら…

平塚淳子

「また、教員になりますか」先日の飲み会での話題です。教育実習生の実習が終わり、慰労会を行いました。「もし、大学4年生にリバースできたら、採用試験を受けてまた教員になりますか」という問いかけに、30代半ばの有能な女性教員は「NO」と反応し、「転職したい」と答えました。教員7年目で6年担任と研修部長を引き受けて研究発表会に向け忙しい日々を送っている女性の後輩は、「絶対、教員になります」と答え、60代男性で再任用の同僚は、「うーん、あの当時と同じ教育現場ならなるかな」と口をもぐもぐ。60代の再任用女性教員である私は、「もちろんなるよ」と断言しました。

あの当時とは、私が教員になった頃を指します。まだ教職はブラックとよばれていませんでした。型破りな教員もいましたが、そんな教員に対して保護者もおおらかな気持ちで見守ってくれていました。約40年間、つらいこともやきついこともありましたが、窮屈で縛られているような圧迫感はありませんでした。そして今、同僚は自分達の職場を自虐的に「ブラック」と呼んでいます。「定額働き放題」とも…。にも関わらず、同僚も私もやめないで続けています。そう、退職しても教員を続けているのです。「なぜだろう」と、自分に問うてみました。もちろん生活の為、やめても他の仕事はできない等の現実的な理由もありますが、教員という仕事が魅力的でやりがいがある仕事だからです。子どもと関わることで、子どもの優しさや可能性を肌で感じ、子どもの成長の瞬間に立ち会うことができる素晴らしい職業だからです。

職員室では愚痴もでますが、「今日○○さんがこんなことできたんだよ」「すごいね、この前は○○さんも頑張っていたんだよ」という声が飛び交います。子どもの小さな成長を嬉しそうに話してくれた教員2年目の同僚に、つい、「10つらいことがあっても、何か1つ嬉しいことがあると報われた気になるでしょう」と語りかけていました。実際は10のうち1つは良い方で、100のうち1つの時もあります。自分は一生懸命やっているつもりでも学級経営が壁にぶつかることはしょっちゅうです。やめたいと思うこともありました。それでも嬉しい1つのことが、多くのつらいことを帳消しにしてくれます。放課後の教室の教壇に置かれた「先生にプレゼント」と書いた紙切れと、黄色く色づいた銀杏の葉を見つけたとき、胸が熱くなるとともに頑張ろうという気になるのです。

ある日のこと、体育の時間に年甲斐もなく倒立前転の模範演技を試みましたが、失敗して背中を強打しました。一番に保健室の先生を呼んできてくれたのはいつも反抗的な態度をとる子どもでした。また、中学校の職場体験で私の学級に来た教え子は、2日間の体験が終わった日に「昨日、父親に『小学生は自分勝手なことばかりしていて疲れた』と言ったら、『お前達も同じやったぞ』と言われました。先生方、迷惑かけてすみませんでした。それからありがとうございました」と挨拶しました。大人になったなあ、成長したなあと報われた気持ちになりました。

40年間頑張って良かったと思える嬉しいことがやってくることもあります。今年の誕生日には、新任のときに受け持った子から思いもかけず、お祝いの花束が届きました。小さいけれど大きい、大きいけれど小さい一つひとつの喜びを忘れられずに、今も教員を続けているのだと思います。

そんな私の苦しむ姿や喜ぶ姿を、一番近くで見ていたのは私の子ども達なのかも知れません。学級経営がうまくいかず、学級懇談会や保護者との話し合い等で帰宅が遅くなることが続いたある日、みんな寝静まった家に帰ると、リビングのテーブルに手紙が置いてありました。「お母さん、おかえりなさい。おそくまでごくろうさま。おしごと、がんばってね」2人の娘が書いてくれた手紙でした。また、微熱はあるし、気持ちも落ち込んでいるし、学校に行きたくないなあと思っていると、「お母さん、今日は学校休んだら?」と娘が言うのです。「そうだね、休んでもいいよね」と答えたものの、その一言で気持ちが軽くなり、「自分に負けられないぞ。待ってくれている子どもがいる」と学校へ向かったこともありました。その2人の娘は教員になりそれぞれの職場で頑張っています。会えばいつも話題は学校の子どもたちのことです。悩んでいること、嬉しかったこと等、人の話もそこそこに自分の学級の子どものことを喋り続けています。娘達は、母親の姿から教員という仕事のやりがいや素晴らしさを感じ取ってくれていたのでしょうか。そうだとしたら、そこでも苦労は報われたのかもしれません。

今、教員を目指そうとしている人も、教員を続けようか辞めようか悩んでいる人も、そして娘たちも、「リバースできたら、また教員になりますか」と聞かれたとき、「もちろんなります」と答えられるように、子どもたちの成長を喜び感動する心を持ち、小さな嬉しい一つひとつのことをいくつも積み重ねてほしいと願っています。

平塚　淳子（１９８１年度卒業）

教員としての自分を支えるもの

下原瑞恵

教員を辞めようと思ったことは、この15年ありませんでした。それは、悩みや辛さがなかったということではありません。様々な大変さはあっても、自分を支えるものがあるからこそ教員を続けていこうと思えているのだと考えています。現在は育児休業中であり、仕事とは長い間離れていますが、自分を支えてきたものについていくつか紹介したいと思います。

随分前の話ですが、金融関係の仕事に就いていた友人が、仕事を辞めようとしていました。辞める理由を尋ねると「仕事をしていて、1日に1度も笑わない。息が詰まりそうになる」このような答えが返ってきました。大きな声でよく笑う朗らかな彼女だっただけに驚き、心配しました。その友人が笑うことがないと言っていたことで私は気付いたのですが、教職の日々は大変さはあっても、ほぼ毎日何かしら心から笑っている自分がいました。授業中や休み時間の子どもたちとのやりとり、同僚との会話。職場の様々なところに笑う場面があり、それは自分にとって楽しく、働く意欲となり自分を支えているのだと気付いたのです。

5年生を担任していた年の3学期に産前休業に入ることになりました。修了式まで残りあと1カ月という慌ただしい時期であり、子どもたちや保護者の方、職員の方に申し訳なく思いました。しかし、お腹の中の双子のことを考えると無理もできず、自分にできる精一杯のことをして産休に入ることに決めました。まずは、休まずに出勤し、子どもたちにお腹の赤ちゃんの話をよくしました。それから、ちょうどよいことに5年生の理科の単元に「人のたんじょう」が組まれていたため、エコーの写真や動画を教材にすることにしました。教科書のイラストと照らし合わせながら、エコーの写真に写った赤ちゃんの大きさや様子を伝えたり、私のお腹を触ってもらったりしました。子どもたちは興味津々の状況で学習することができていたので、生きた教材になれたことを嬉しく思いました。

そして迎えた最後の日。子どもたちはお別れ会を開いてくれました。黒板には私の似顔絵と「先生大好き」の文字がありました。ちょっと気恥ずかしく思いながらも、嬉しかったことを思い出しています。会の最後には、一人ひとりがメッセージや呼びかけ、歌をビデオレターにして見せてくれました。随分前から校長先生に協力をお願いして、こつこつと準備をしてくれていたのです。私に見つからないようにとこそこそと何かしていましたので、気付かないふりをしていましたが、この出し物の準備だったということが分かりました。思い出に残っていることや今の思い、出産を応援する激励の言葉などの思いを言葉にして一生懸命に伝えてくれる子どもたちの様子を見ていると、ぼろぼろと涙がこぼれるとともに、心が震えているようなそんな気がしました。私も子どもたちに思いを伝えました。学年の最後まで一緒に過ごせない申し訳なさと、厳しいことを言ってきたことの裏にある本当の思いと、そして、お別れの言葉を伝えました。多くの子が涙を流しながら話を聞いてくれました。子どもたちだけではなく、たくさんの保護者の方から出産に向けた温かいお手紙をいただきました。特別なことは何もできず、しかも最後まで責任をもって担任を全うすることができなかった私に、子どもたちも保護者の方も職員の方々も温かく送り出してくれました。こんなにありがたいことはないなと人の温かさが身にしみました。

修了式の日にもう一度、子どもたちに会いに行きました。子どもたちは「5年生で心に残っていること」を日記に書いてきていました。1人の子が「下原先生に出会えたこと」という題で私との出会いで学べたことを書いてくれていました。思いもしなかった嬉しい内容に驚きました。同時にこれまで自分のしてきたことが報われたと思いました。今までの人生の中で、これ以上に嬉しいことはありませんでした。お腹の重さも忘れるほど、軽い足取りで教室をあとにしました。

このように、学校現場には人の温かさを感じたり、感動したりする場面があります。それこそが、自分を支えているのだと思います。

大変な仕事だけれど、教職はいい仕事だと思っています。仕事の大変さを上回るものがあるからこそ、私は支えられ、続けてこられています。子どもたちからもらった温かい思いを育休の今も思い出すことがあります。出産の日には、子どもたちが作ってくれた安産祈願のお守りを入院バッグの中にしっかりと入れていきました。

下原　瑞恵（2008年度卒業）

私を成長させてくれたのはあなたたちです

前田　剛

教員になって数年経った頃、「ああ、これが学級崩壊と呼ばれるやつかぁ」と思うことがありました。普段の授業中、私が説明していても勝手なおしゃべりをする子どもたちや、平気で読書をしている子どもたちが目に入ってきます。その子どもたちに注意すると、その場は収まるのですが、次の休み時間には「うざいよな」「女子には甘いよな」「怒ってばっかり」というひそひそ声の担任への不満が聞こえてきます。いじめが原因で、不登校になった子どもがいました。保護者の方は、その子どものために転校も考えられました。保護者の方、校長先生、副校長先生を交えて何度も話し合いを行いました。その結果、その子どもが学校に再び登校してくれるようになったことが何よりの救いでした。保護者との面談が終わった後、校長先生と副校長先生の前で「自分では一生懸命やっているつもりなのに、なんで上手くいかないんですかね」と涙ながらに訴えたこともありました。

ここまで聞くと、「ああ、やっぱり教員って辛そう…やめておこう」と、皆さんは思われるかもしれません。「子どもたちのためだと思って一生懸命に働いても、こんな辛い思いしかできない」。その時は、きっと私もそう思っていました。

「なぜ、隣のクラスの子どもたちは真面目に授業を受けているのに、自分のクラスは…」「なぜ、後輩の教員は休み時間楽しそうに遊んでいるのに、自分は…」そのような問いが次々とわいてきて、悶々とする日々が続きました。私の中で明確な答えが出たのは、あの子どもたちの卒業が間近に迫った時でした。「自分には足りていなかった、ないがしろにしていた、それは、〝信頼関係づくり〟だ」という反省です。「えっそんなこと？」と思われるかもしれませんが、教員にとって根本的なことが、あのときの私には実践できていなかったのです。いや、実践できていなかったのではなく、その大切なことに気付かないほど傲慢な教員になっており、「自分ほど担任を上手くできる教員はいない」とうぬぼれていたんだと思います。あの子たちが私に「信頼関係ができていませんね」と言ったわけではないし、校長先生から指導があったわけでもありません。あの子たちとの2年間を冷静に振り返って得た私の答えです。

これは、授業を上手くしようという以前の話です。休み時間に子どもたちの何気ない話を聞くとか、外で一緒に鬼ごっこをするとか、自分の失敗談を素直に話すとか…。小学校の教員として当たり前のことが実践できていなかったのです。今は、その大切さを実感しています。もちろん、教員である以上、子どもたちにとって分かりやすい授業をすることは最低限の使命です。しかし、担任は授業を行うだけが仕事ではありません。教科指導とともに、学級という集団の中で、子どもたち同士や、子どもたちと担任の信頼関係をつくっていかなければなりません。信頼関係があるからこそ相手の話を聞こうとするし、自分も悩みを打ち明けることができるのだと思います。教員になって数年後の大きな壁にぶつかって、初歩的だけど、とても大切なことに気付きました。気付かせてくれたあのときの子どもたちに感謝です。

2年間を一緒に過ごし、彼・彼女たちは、私にとっての初めての卒業生となりました。子どもたちも、私も、たくさん笑って、たくさん泣きました（私はと言えば、子どもたちをたくさん叱って、憎まれてでしょうか）。上手くいったこともあったけれど、上手くいかなかったことの方がたくさんありました。いつか会ったら「ごめんね。楽しませてあげられなくて」と謝ろうと思います。

今年、受け持った5年生に突然、「先生！『ひきにくです!!（流行りのYouTuberのマネ）』ってやって！」と言われて、思いっきりやってみたら、教室は大爆笑でした。そんなことができるようにしてくれたのは、あのときの子どもたちです。私を成長させてくれたのは、あなたたちです。ありがとう。

前田　剛（２００６年度卒業）

自分らしくいられる場所

西　麻香

自分のことを好きになれない…それが私でした。

人と比べたり、苦手なことに直面したりしては落ち込み、劣等感に苛まれる日々。心に抱えるその苦しみは学年が上がれば上がるほど大きくなり、自分というものが何なのか分からなくなって、そのまま消えてしまいそうだと感じる時もありました。

そんな私に「あなたはあなたのままでいいんだよ」と教えてくれたのは、小学5年生のときの担任の先生でした。いつも私の心に寄り添いながら真っすぐに向き合ってくれたその先生は、日々の授業も大変分かりやすく、勉強が大好きになりました。先生や友達といることが楽しくてたまらなくなり、教室は私にとって居心地のよい安心できる場所になりました。そしていつのまにか自分という存在を肯定的に捉えられるようになったのです。

そのころから、「私も学校の先生になりたい」という思いが芽生え始めました。自分のことを好きになるきっかけをくれた先生のように、私も子どもたちのためにできることがあるのではないかと考えたからです。

しかし志望するN大学に入学することも、教員採用試験に合格することも簡単なことではありませんでした。特にそのころのM県の教員採用試験の倍率は目を疑いたくなるような数字で並大抵の努力で受かるようなものではありませんでした。授業・食事・風呂・睡眠以外の全ての時間を勉強時間に費やし、大きなプレッシャーを感じながら毎日を過ごしました。胃が痛くなるような日々の中でも前を向いて努力を重ねられたのは、大学でできた仲間の存在が大きかったように思います。同じ夢を追い続ける仲間と励まし、高め合いながら無我夢中で勉強を続け、2回目のチャレンジでやっと採用試験に合格できました。あのときの「ついに夢を叶えたんだ！」という喜びと、体の底から湧き出てくるような熱い思いは今でも忘れることはできません。

先生としての1年目がスタートし、第1回目の初任者研修で「どんな教員になりたいか」考える時間がありました。差し出された紙に私は「どんなときも子どもの味方でいられる教員」と自信をもって書きました。私ならそんな先生になれると信じていました。

でも実際はそう甘くありませんでした。理想と現実のギャップに苦しみ、もがきながらの日々が続きました。子どもたちや保護者の方、同僚の先生方の期待に応えたい一心で子どもたちと向き合い続けましたが、自分の思いが通じたり、努力が報われたと感じることはほとんどなく、自分の無力さに愕然としたり、どうすればよいか分からず悩むばかりの毎日でした。

あっという間に1年が経ちました。修了式の日、そこには私との別れを惜しみ、涙を流す子どもたちの姿がありました。予想もしていなかったその光景に驚き、気づけば私も涙が止まらなくなっていました。立派な先生とは言えなかった私との1年間を楽しかったと言ってくれる子どもたちの姿を見て、一人ひとりの子どもたちとしっかり向き合っていれば、いつかその思いに応えてくれる日がくるのだと感じました。そのとき、これまで子どもたちと無我夢中で向き合ってきた自分を少しだけ誇らしく思うことができました。

あれから12年の月日が経ち、私も結婚し、3人の子どもに恵まれました。目が回るほどの忙しい日々の中で家庭と仕事の両立がうまくいかず、自分に嫌気がさすことも多くあります。そんな時、いつも私のそばで見守り励ましてくれるのは学級の子どもたちです。

一人ひとり表現の仕方は違うけれど、子どもたちが真っすぐな思いを伝えてくれるたびに「これでいいんだ」「頑張ろう」と自分を奮い立たせることができます。

思えば、子どもたちの味方でありたいと歩んできた私、そんな私の味方でいてくれるのはいつも学級の子どもたちなのです。私にとって教室は今も昔も自分が自分らしくいられる場所です。そして、その温かい場所に自分がいられることを心から幸せに思います。もちろん、私は先生としても母親としてもまだまだ未熟で、同僚の先生方、保護者の方、学級の子どもたち、そして、家族に迷惑をかけてしまうことも少なくありません。思い通りにいかず悩むことや反省することもたくさんありますが、これからも私らしく輝き続けられるよう、努力を重ねていきたいと思っています。

西　麻香（2010年度卒業）

子どもも先生も成長できる日々

豊重順一

教育の舞台は、単なる知識の伝達だけでなく、子どもたちが豊かな人間性を育み、成長する場でもあります。学校は、この成長を促進し、子どもたちが自らの可能性を発揮するきっかけとなる素晴らしいところです。学校生活を通して関わる教育者である私たちもまた、新たな学びと成長の機会を手に入れることができます。

私が初めて教育の世界に足を踏み入れたのは、約30年前のことでした。当初は不安と緊張に包まれていましたが、それは次第に情熱と責任感に変わっていきました。初めて担当したクラスの生徒たちとの出会いは、私にとって新しい可能性を開くものでした。そこで、これまで経験した学校での出来事について書いていきます。これまでの自らの成長を振り返り、さらに、読んだ方に学校生活の良さを感じ取ってもらえれば幸いです。

1校目の学校は、1年間の期限付でした。大学を卒業しすぐy島の学校に赴任しました。

令和とは違い、スマートフォンなどのＩＣＴ機器はまだなく、島の生活は子どもたちと日々遊ぶことから始まりました。世界自然遺産に登録されてまもなくだったので、季節によっては、観光客の絶えない島でした。子ども達との生活も地域の一員としての生活もあり、海や川、山でいろいろな体験ができました。

2校目の学校は市内の学校に初任として4年間の勤務でした。初めての初任研指導を受けた4年間でした。3・2・1・6年と担当しました。初任研ということで、4年間毎年研究授業をして、学習指導について学ぶことができました。また、地域とのつながりの一つとしてk市内独自の「あいご」活動にも主事として取り組みました。地域の子どもを保護者や地域の大人全員で育てようという趣旨で、行事やスポーツ大会の運営を学びました。

3校目は、準僻地の小規模校に5年間勤務しました。勤務2年目から古い木造校舎から新築校舎への移転ということで、校舎の引っ越しやプレハブ校舎での生活、そして、新校舎へという経験をしました。校舎内の設計にも携わることができました。地域の方々の助け、チームワークに助けられました。地域の中に、「藺牟田池」というベッコウトンボの生育地として保護されているところがあり、勤務期間中に「ラムサール条約」に登録され、藺牟田池の湿地帯を守るベッコウトンボを守る活動にも取り組むことができました。勤務校の町は、昭和の時代からパソコンの町という政策を掲げ、学校現場では、その時代の最新のパソコン機器があり、現在の令和のようなパソコンを扱う子ども達の様子が見られ、指導する私たちも毎日勉強せざるを得ませんでした。特に、今ではめずらしくないネットワーク回線を、光ケーブルではなく僻地ならではのパラボラアンテナを使って、テレビ会議も行いました。新校舎建築にあわせて、本校と遠く離れたパラボラアンテナを使用している学校、そして文部科学省（その当時は文部省）を結び、テレビ会議で学習をする研究も始まりました。研修主任として、国の研究に携わることができ、充実した時間を過ごすことができました。

3校目は、市内の学校に5年間勤務しました。初めて、理科専科（3年間）にもなりました。町の中の学校なので、ゲームでの生徒指導問題や深夜徘徊、警察沙汰などを経験し、子ども達の生活習慣の変化を感じる学校でした。ただ、どんな子ども達も理科の学習は好きで、実験の準備や観察活動に楽しく取り組んでくれたことがうれしい思い出として残っています。この中で、自然や化学変化の素晴らしさを子ども達と共有できました。

4校目は、2回目の島生活で、4年間勤務しました。a群島の中にある学校で、小規模学校でしたが、地域の方の協力がかなりありました。隣国に近い島なので、食や文化、風習などr文化にかなり影響されている独特な島でした。初めて教務主任、複式学級指導、地域行事など毎日、いろいろな役割を楽しむことができました。島の子ども達も、ゲーム依存、YouTube等のネット依存など、現在に通じる問題が離島の子ども達にもありました。町は農業・漁業の生活が中心で、子どもも保護者の方も日々働いている町です。かなり農業が盛んなので、地域も活気があります。ただ、子ども達の学力向上への取り組みをもっとやってほしかったと思います。エイサーや三線にも精通している方が多く、総合的な学習の時間では、その方たちが子ども達の先生役でした。

5校目は、市内の学校で、児童数千人超える学校に6年間勤務しました。3年間理科専科、残り3年間は1年・2年担任になりました。初めて、学年主任や保健主任も経験しました。

大学での研修という機会があり、2年間CST（Core of Science Teacher）の研修を受け、その肩書は、現在も続いています。その他、提案授業を行ったり、教科協力員になったりして、本校以外でも指導に携わりました。この中で、町の中の子ども達は日々学校生活以外にも忙しい生活をしていることがわかりました。塾や習い事、スポーツクラブ等、子ども達が放課後自由に遊んでいることは、珍しい光景となりました。地域と学校がつながるコミュニティ協議会の発足に携わりました。以前は公民館活動でしていたものを、学校や地域、民間企業と一緒に取り組むことで、子ども達も町の人々も一緒に楽しむことができました。

6校目は、現在勤務している市内の学校です。現在4年目になります。８００人超の学校です。２年間理科専科、今現在は2年担任です。初めて、初任者の先生を指導する校内指導員になりました。毎週の参観授業や初任研指導、研究授業への指導など携わりました。生徒指導主任も2年間しました。全員の子ども達との関わりをもつことで、子ども達の問題にすぐ対応できたり、地域の方々と顔見知りになって、いろいろな場面で協力してもらえたりしました。

新型コロナウィルスが流行したのがこの学校でしたが、これまで経験してきた学校行事はすべてなくなっていきました。休校はもちろん、マスク生活によって、子どもの表情を見られなくなったり、グループ活動や話し合い活動などができなくなった日々が3年間続きました。やっと、子どもも先生も我慢してきた日々の生活がもどりつつある今日です。現在、新しい学校生活の様式に変化し、子どもも大人も変化へ対応の毎日です。

これまで約30年間、教育の仕事に携わりながら、その時のその場所の子ども達や地域の方と携わり、私自身成長してきました。それは、その町や土地にいる人々との交流のおかげです。教職に携わり、学校生活や学習指導を通して培われるスキルや価値観は、将来の人生において大きな支えとなり、人間としての本質を豊かにするものになると思います。これからも、自分を高めるために子ども達の教育に携わっていきます。

豊重　順一（１９９４年度卒業）

K地震を経験して

藤野倫子

私は、2004年に大学を卒業してから長く臨採教員として働いていました。日々の業務に追われる中、なかなか教員採用試験の勉強に身が入らない日々を送っていました。採用試験に合格しない年が続くと、以前までの教職に就きたいと思う気持ちも年々衰退していきました。当時は、ブラックといわれるのもわかるな~という気持ちであったような気がします。そんな私が筆をとってもいいものか悩ましいのですが文章を寄せることにしました。

近年、教育は時代とともに流れもやり方も大きく変わるんだな~と実感しています。卒業論文で指導要領の変遷のことをまとめるときは、学習指導要領は時代と大きく関係し、社会の流れとともに大きく変化しているということを知識として持っていたのですが、今はそのことをより痛感し、実感しています。

それを大きく感じたのが、勤務地でK地震が起こった2016年に、学校が避難所となっ

りました。

学校は一挙に大勢の方の避難所となりました。そして、教員は避難所運営を手伝うことにな
動場が、避難してこられた方々の駐車場となりました。皆さんは、そのまま車中泊をされ、
た時でした。テレビなどで他の地域の出来事として見てはいましたが、勤めている学校の運

２０１６年4月15日の夜、今までにない大きな地震があった時は、初めて異動した学校で5年生の担任となっていました。次の日は、歓迎遠足で翌週から家庭訪問などが計画されていましたので、準備をして帰宅しました。その日の午後9時ごろ、K地震の前震といわれる震度6、7強の地震があり、私の自宅もかなり揺れました。16日の本震が起こったときは夜中1時でしたので、部屋の窓から庭に出るのがやっとという状態で、立っておられず、必死に車に逃れました。自宅はと言えば、壁が崩れ、柱がずれました。窓枠もずれ落ちて、玄関等も鍵がかけられない状態になりました。道路もくねくねと波を打ち、地割れしており、とても登校できる状態ではないので、お休みをもらい、とりあえずぐちゃぐちゃに散乱した家具や衣類などの片付けをしました。

学校へ行こうかどうしようかと悩みましたが、学校も大変なようで、近くの先生方や教頭先生方が行かれているのを知り、学校への道路も地割れしている中、通れる道や橋を探してやっとの思いで学校に到着しました。学校は避難所となっており、運動場や各教室には地域の人々がたくさん身を寄せておられました。私たち教員は、市の職員の方々と一緒に避難所の運営にあたりました。もちろん、自分の家のことは心配でしたが、4月16日から5月9日までの期間、職員が交代で土日は当番として支援物資を配ったり、トイレの消毒清掃などを

行ったりしました。私たちの学校がある地域は水が使えたので、トイレは水を流すことができました。水の流れなかったところは排便をバケツで運び、穴を掘って埋めているとのことでした。夜は、いろいろな方がいるからと男性の先生方が2人体制で泊まるようになり、女性陣は、昼間に2人1組で活動し、避難されてこられた方々の対応も行いました。もちろん勤務の時間帯には、子どもたちの安全を確認するとともに、どのように過ごしているかなどを調査するために家庭訪問を繰り返しました。また、家庭訪問できないときは、電話でどこに身を寄せているか、異常はないかなど子ども達の把握に努めました。さらに、通学路を教員が歩き、危険個所を写真に撮ったり、安全に通れそうかなどの確認も行ったりしました。子どもたちの中には、入浴中に地震にあい、怖くて保護者の方から離れられなくなった子もいました。このように、災害時には私たち教員が地域の方々のために動かなくてはならないことを肌で感じながら過ごしました。

また、日本全国からの支援は非常に有難く、大きな力をもらって、復興に取り組むことができました。一時はどうなることかと思いましたが、クラスや学校のみんなで力を合わせ、何とか地震を乗り越え、平穏な日々を取り返すことができたように思います。今回のコロナ対応にも、当時の思いを重ねることで乗り切れました。ｚｏｏｍ（テレビ会議システム）での授業も、今では、いい経験のように思えます。ただ、様々な災害に対して、教員は冷静に、そして、新しい技能にも挑戦しながら、業務の遂行を図らなければならないと改めて思います。

学校の教員は、子どもたちとの日々のやり取りや生徒指導、そして、様々な場面での保護者の方への対応などが求められ、落ち込むことも多いのですが、子どもたちと関わることで元気を取り戻し、クラスへの愛着も沸いてきます。特に、地震以降の教員生活を振り返るとき、教員も社会の動きに合わせなければならないことや、社会の人たちと協力すれば、困難も乗り越えられることを肌で感じられたことはよかったと思います。そして、教員の業務遂行にあたっては、大変なこともあるのですが、やりがいのある職業だと改めて思いました。なるほど、ブラックと言われている部分もないとは言えませんが、働き方改革などもあり、少しずついい方向に向かっています。今後も、子どもたちの笑顔のために日々の授業を、頑張ろうと思います。その中で、私自身も日々の活動を楽しめればと思います。

藤野　倫子（２００４年度卒業）

「お母さん」とお母さん先生

川岸美香

娘の小さな寝息が聞こえます。着飾っての七五三のお祝いを思い出しているのでしょうか。どこか微笑んでいるようにも見えます。鹿児島の実家に戻っての出産は難産であり、「こんなことは2度と…」と当時を思い返しますが、日々成長していく我が子を見て、何にも代えがたい喜びを感じる時が穏やかにゆっくりと過ぎていきます。

3年の育児休業が2024年（令和6年）3月で終わります。「再び教壇に立てるのだろうか」「多くの子どもたちと向き合い、以前のように教えることができるのだろうか」とさまざまな不安がよぎります。また、「娘が新しい環境に馴染むことができるのか」「友達と仲良くできるだろうか」「先生方とはうまくいくかな」など心配事が次々と頭を駆け巡ります。

2校の小学校の10年間で、全学年の学級担任を任されました。私が赴任したB府の小学校では、加配の先生方（通常の教員定員を超えて配置される先生）が教科担任、専科にあまり割り振られることがなかったので、高学年を担任しての理科等の準備時間が必要な教科の授業は、まさに心を失いかけるような忙しさを味わいました。

1年目の担任学年は2年生でした。教育実習や机上の講義では感じることのできなかった、いつも何かに追われているような思いに駆り立てられる毎日を過ごしました。各教科の内容をどれ一つ漏らすことなく、きちんと進めることをモットーとした授業でした。

その中で、「これだけは」と続けたのが、全体での「さよなら」の挨拶をした後、子どもたち一人ひとりと握手をして、声掛けをすることでした。40人近くと握手する中で、「ああ、この子には今日一言も声かけをしなかったな」という子どもや、何を伝えればよいか分からず「明日も元気でね」と通り一遍のことしか言えない子どもに気付き、「子どもに寄り添う」や、「一人ひとりと向き合う」といった綺麗な言葉を口にしながら、それができない現実と自分自身の力量不足を感じさせられることもありました。しかし、不思議なもので毎日続けていくうちに、この子にこんな言葉をかけてみよう、伝えてみようという思いが湧いてくることもしばしばです。そして、それは「できるだけ多くの子どもたちに発表の場を設けよう」「あの子とこの子の思いや考えをみんなにも広げていこう」という授業改善案につながっていきました。

また自身に課したもう一つが、「朝は子どもたちを教室で迎える」という一日のスタートでした。帰りに「明日も元気で…」と別れた子が、再び顔を近付けて「おはようございます。今日も元気だよ。『お母さん』」と笑顔をいっぱいにして言ってくれました。一瞬「お母さん?」に戸惑いましたが、その子の真っ直ぐな瞳を見て、「ああ。そうか。わたしは、学校での『お母さん』、『お母さん先生』なんだ」と納得し、微笑み返したことが昨日のことのように思い出すことができます。

そんな初任の時から、早いもので13年の月日が経とうとしています。赴任した2校の小学校では、学級担任の職務とともに、夏休みの水泳指導、書き初め展の全校手本、全校朝会や卒業式等の儀式的行事のピアノ伴奏等の役割を果たし、それぞれで子どもたちと関わる機会がありました。このように様々な形で多くの子どもたちの成長を見守れたことは今でも私の大きな財産となっています。子どもたちのキラキラと輝く笑顔に囲まれたひと時が、いつまでも忘れられません。そして、子どもたちの日々の成長や子どもたちの生き生きとした姿は、私の毎日の原動力でした。

子どもたちにとって、学校は教科等を学ぶ場であるとともに、生活の場でもあります。ちょうど10年目のことです。A君が友達との関わり方や自分の思いを伝える表現方法が分からずに、友達との間に溝ができてしまいました。教員の目の届かない下校中の場所での出来事だったこともあり、その改善に向けた指導には大変苦労したのを思い出します。私自身は、毎日A君と話をし、A君の考えや思いを聞くことを心掛けました。そして、A君が自分の考えや思いを直接友達に伝え、また、友達の思いや考えを聞く場を設けることも繰り返しました。すると、徐々にA君も友達との関わり方を模索し、友達との信頼関係をもう一度築こうと努力する姿が見られるようになりました。そして、変わっていくA君の姿を見て、もう一度手を差し伸べてくれる友達も現れました。自分を信じてくれた友がいたこと、自分たちの力で解決しようとする子どもたちの姿を保護者も一緒に見守ってくれたこと、A君を心配して、涙を流してくれる人がいてくれたことなど、そのすべてが、A君を変える原動力になったのだと思います。人間誰しも、失敗することはあります。それを乗り越えて、大きく成長したA君の姿を見た時、何とも言えない幸せな気持ちになりました。これからもしんどいことはあるだろうけど、「あなたには、あなたのことを考えてくれる存在がいるよ。大丈夫、大丈夫」と願っています。

学校という場所が、子どもたちを温かく包み込んであげられる環境であってほしいと思います。また、友と過ごす時間や経験が、これからの生きていく糧になってほしいとも思います。

2歳半を迎えた夏に、娘を連れて帰省した日、実家を我が家と勘違いしているのか、安心したように娘はすぐに深い眠りにつきました。父が、「この長い睫毛は、幼い頃の美香にそっくりだね。不思議だな。種子島の美香を見ているようだ」と言ってくれました。父の離島赴任時、教員住宅の前には、バナナの樹がありました。日が暮れると、玄関には外灯に集まる虫を食に「どんく」が鎮座します。その巨大な蛙をそっと避けて家に入るのが習慣でした。そして、少し足を伸ばせば、どこまでも青く広がる海がありました。小さな貝殻を拾って宝物にし、落ちてくるような満天の星々を眺めた後は母の絵本の読み聞かせにうっとりとする、就学時前の幼子であった私には、毎日がわくわくする物語の主人公だったのが種子島の時代です。

娘には、そのような大自然を味わってもらうことはできないけれど、母としてできる限り多くのものを与え、喜びと幸せをともにし、生きていきたいと寝顔を見ながら思っています。

4月より、それぞれの場所で新たな始まりが動き出します。「よいお母さん、頼りになる『お母さん先生』になれますように…」と我が子の手を握りしめると、私を励ますように、小さな掌が握り返すように少し動きました。

川岸　美香（2011年度卒業）

N県っていいなぁ

近藤雄太

「なるー！」

今年、話題になったドラマの台詞です。ヨシノサツキさんが描いた漫画「ばらかもん」がドラマ化され、N県の離島がその舞台として大きく取り上げられました。その中で、g島の各地が紹介され、その自然の素晴らしさに注目が集まったことは、N県民として嬉しい出来事でした。また、2018年7月に登録された世界文化遺産の教会群をめぐる観光ツアーが盛んになったり、政府の国境離島補助金などの活用が注目されたりすることもあり、g島へIターンで訪れる人の数は年々増加傾向にあると言われています。さらに、g島では様々なイベントが開催されています。国際トライアスロン大会である「バラモンキング」、マラソンとピクニックを融合させた健康増進のための「マラニック」、毎年多くの参加者で賑わう「夕焼けマラソン」「椿マラソン」、加えてフィッシングイベントなどが開催されています。この島だけではなく、N県には他にも多くの魅力的な離島があります。そこで今回は、これから教員を目指そうとしている方に、N県の特徴でもある離島教育について、そのよさを紹介していけたらと思います。

そもそも、私自身は今年度（令和5年度）からg市の小学校に赴任したばかりなので、離島教育のよさと言っても、ほんのわずかなものかもしれませんが、その短い時間の中で実感したことを紹介していきます。私が、感じた離島教育のよさを一言で表すと、「人との距離」です。以前勤務していたn市の学校でも、人との距離について温かい関わりが多かったですが、離島は一味違いました。そう感じた理由として、二つ挙げようと思います。

一つ目は、地域の教育資源の豊富さです。とにかく人と人とのつながりが密なので、島内の事業所や工場、農場など、知り合いの方が多く、コミュニティスクールというわけではないのですが、地域で学校教育を支えてくださっているということを強く感じます。従って、低学年のうちから地域のうどんの製麺所やかまぼこ工場の見学をすることができたり、米の生産者さんや肉牛の繁殖をされている方、漁港の方などの話を聞いたりすることができます。教育にとって豊かな資源（人・もの・こと）が身近にあることが「人との距離」が良さだと感じる理由の一つ目です。

二つ目は、子どもの地域への参加が盛んなことです。この島では、地域挙げて行う有名なお祭りがあります。商店街を中心に、出店が並び、その真ん中をねぶたが通ります。その祭りの主役はもちろんねぶたなのですが、地元の小学生や中学生が「さきがけソーラン」というソーラン節を披露しながら練り歩くというものが印象的でした。参加する子どもたちは、希望者ではなく全員なのですが、その一人ひとりが祭りを形作るパズルのピースのように、生き生きとそして楽しそうに踊っているのです。町が一つになっているような感覚を覚えました。島の地域の人々は、祭りの客でもあり、祭りを盛り上げる一員でもあるのだと感じました。子どもも地域の貴重な一人であるということが「人との距離」が良さだと感じる理由の二つ目です。

上述した二つは別物ではなく大きく一つのものだと考えます。地域は子どものために、子どもは地域のために。それは、もしかすると教育の原点というか、もともと当たり前だったものなのではないかと感じます。しかし、離島に来て改めてそこの部分に魅力を感じたということは、知らず知らずのうちに人との距離が希薄化してきているのかもしれません。教育の原点ともいえる「離島教育」を体験し、改めて教育の楽しさや素晴らしさを多くの人に感じてほしいと思います。N県にいるからこそ、離島教育にふれてみてはいかがでしょうか。私自身、残りの離島ライフが楽しみです。

近藤　雄太（２０１０年度卒業）

学生の皆さんへ

―「部活動指導」をテーマに―

緒方康仁

現在、N県の高校の教員をしています。縁あってゼミに所属するまでは、小・中・高と先生に叱られたことはなく、大学もマイペースで学生生活を送っていました。しかし、ゼミで私が本質的に持っている「逃げる」部分を指摘されてからは、「逃げちゃだめだ」と自分に言い聞かせるようになりました。そのお陰で、これまで逃げずに頑張って教員生活を続けてこれました。継続できたことで今では、私のような教員が居ても良いだろうと、自分で自分を認められるようになりました。

新聞等で話題になっている「部活動指導」をテーマに、私の経験と考え方を紹介します。それは、昨今では教職の「ブラック」と関係が深いと言われているからです。ちなみに、私は特別に専門の「部活動指導」ができるわけでもない理科の教員ですので、同じような方への参考にはなるかと思います。

22年の教員生活を仕事として振り返ってみると、前半10年は「部活動指導」の時間を除いたとしても、客観的には「ブラック」と呼ばれても仕方が無いかなと感じる時間を過ごしていました。前述のとおり私は部活動の専門がなかったので、産休代替講師をしていた時には「ボート部」、正式採用後は「バドミントン部」、「卓球部」、「ソフトテニス部」、「放送部」、「サッカー部」、「科学部」、「メディア部（放送部とパソコン部と美術部の合併した部活です）」の顧問をしてきました。従って、ラケット等の部活用具は購入し、家に置いています。最初のボート部とメディア部は副顧問的な立場でしたが、他は正顧問の立場でした。「ボート部」の副顧問をしていた時、正顧問の先生にお願いされて、運転したことのなかったクレーン付きの4tトラックに、競技用のボートを乗せて、大会が行われるK県の山中のとある湖まで行った時のヒヤヒヤ感は今でも忘れられません。

中学校の「部活動指導」は、地域のクラブチームや保護者への業務移行が進んでいるようです。現在、私には中3と中1の子どもたちがいますが、その保護者として部活動業務の移行を肌で感じています。中3の息子の部活動（硬式テニス）では、保護者の代表として、一部の大会において、申し込みやチームの責任者（受付業務や出欠の確認を行う）の役割を担うとともに、大会Tシャツの注文も行いました。中1の娘の部活動（バドミントン）では、クラブチームの経営をされている方がコーチをして下さっているので、部活動の見守り（監督）や大会の運営補助を保護者が持ち回りで行っています。しかし、高校の「部活動指導」は、部活動がその高校の特色の一つでもあるため、個人的には中学校ほどには業務の移行を早く進めること難しいと感じています。私の勤務校では、大会の会場までの送迎は、保護者に任せることを原則としていながら、休日に行われる大会についても、あまり達成できていないのが現状です。さらに、保護者が大会でのチーム責任者になるという状況には、まだまだならないと思います。

これまで、私が「部活動指導」とどのように付き合ってきたかについてですが、「教員生活」前半は、休日の活動では出来るだけ生徒と一緒に体を動かして、自分もリフレッシュするようにしていました。教員1～3年目はバドミントン部の顧問だったことから、今でも親族や友人と一緒に遊ぶ程度はプレイできるようになりました。サッカー部顧問の時には、素人が高校生と一緒にしてもけがをするだけなので、ランニングを一緒にしました。そして、専門的指導ができないからこそ、時には生徒に教わりながら一緒に汗を流すことができました。要するに、「部活動指導」の時間をリフレッシュの時間としたり、良き休日を過ごしていると捉えるようにしていました。また、「教員生活」の後半では、縁あって「科学部」を受け持つことができました。私も理科の教員ですので、専門の部活動の指導ということで、休日であっても充実した時間を過ごすことができました。

このような私は特別な教員ではありません。その証拠に、多くの教員は私のように、ストレスなく「部活動指導」に付き合っておられます。陸上部の指導をバリバリされている教員も、部活動指導は趣味だと言い切っておられました…。実際、子どもたちが小さい時は、休日の「部活動指導」は難しいので、土日に活動がほとんどない部活動の顧問にしてもらうなど、ある程度の配慮は必要だと思います。

こうして振り返ってみると、教員はやはり少し特別な仕事なのかもしれません。少なくとも私の場合は、業務とプライベートの境界が曖昧になっているように感じます。ただ、教員の他にもそういった仕事はたくさんあるのかもしれません。N県の教員になったら、狭い離島での勤務もありますし、教員の仕事をしながら別の顔で生活をするのはストレスだと思います。

学生のみなさんへお伝えしたいことは、要するに、仕事として教員を選ぶというより、「教員になる」という気持ちで選ばれてはいかがでしょうか。そして、公私の境界がややシームレスな「教員生活」を送ることを苦にしない人が、この職業に向いていると思います（もちろん私の個人的な意見です）。自分らしい教員としての顔で、表裏のない生活を送ることができるならば、「部活動指導」も含めて、良き「教員生活」を送ることができると思います。私の場合は、保護者の方や地域の方、そして生徒たちに恵まれていただけなのかもしれませんが、この23年間、教員になったことを後悔したことはありません。

最後になりますが、教職は、「教員になる」と思う学生の皆さんにぜひお奨めします。

緒方　康仁（2001年度卒業）

一番大事にしたいこと
―私の提案―

橋本　薫

長い教職の経験から、学校の在り方を考えました。その中で、最近しばしば考えることを述べたいと思います。それを「一番大事にしたいこと」としてまとめてみました。

一番大事にしたいこと

それは、子どもたちが安心・安全で、楽しく学ぶ学校の実現です。

教員の役目は、学校を、子どもたちにとって居心地のよい環境に整えることです。環境という面では、教員は、子どもたちにとって、大きな影響をもつ存在です。そこで、私は、学校で子どもたちが安心・安全であるためには、子どもたちに大きな影響をもつ教員の安心・安全が大変重要であると考えました。

現状

現在、学校が直面している課題は様々です。文部科学省のホームページ「現在の教育に関する主な課題」には、大きく五つの柱で紹介されています。その中で、私は、学力向上、特別支援教育、不登校対策、教員のなり手不足、ワークライフバランスの実現が、現在の本校の課題にもつながると感じています。

教員は、どの課題も改善したいと思っています。しかし、実際は、直面した課題にじっくり取り組むことができない状況にあるのです。そして、このことが、子どもに影響を与えています。今、教員には時間が必要です。そこで、教員が時間を確保するために、次の二つの改善案を考えました。

改善案

1、1週間のうち、3日は午前5時間授業にする。

子どもが、給食を食べて昼休みを過ごし、掃除をした後に下校する日課の提案です。この日課ならば、子どもは午後3時前には下校しますので、教員の教材研究の時間をこれまでよりも増やすことができます。また、教員に時間の余裕ができます。時間の余裕は、心の余裕につながります。

ただ、この計算では、1年間の総授業時数は25時間×40週＝1000時間となります（1週間の授業時数25時間×1年間の登校日数を200日と換算した時、1年間を40週とする計算）。これでは年間1086時間の授業時間が確保できません。1週間のうち、2日を6時間授業にすると、2時間×40週=80時間補うことができ、対応することができます（これは、計算上の提案です。実際の日程や諸事情により調整が必要な部分がまだまだあると思います）。

2、個別最適な学びを推進する。

一斉授業からの脱却を提案します。

教員が一つひとつ丁寧に教えるよりも、子どもたちは、自分たちで試行錯誤して考えながら学ぶ方が楽しく学ぶことができるようです。

算数の単元の導入場面を例に挙げます。子どもたちは、次のどちらの場合に意欲を高めると思われますか？

「A　今日は平行四辺形の面積を求めましょう」

「B　これらの図形の面積を求める学習をするのだけど、どの図形から学習しますか？」

本校では、Bを選択して学習を進めました。すると、子どもたちがそれぞれの図形を手にして、「ああ、そうか」「なるほどね」などと言いながらあちらこちらで話し合いを始めました。そうして、図形を変形させて考えると面積を求められることに気づきました。子どもたちが、「簡単だ」「あっという間の1時間だった」と言うほど、集中した時間を過ごすことができました。

これは、ほんの一例にすぎませんが、みんなが同じように、黙って話を聞いたり、教員の指示通りに活動したりする授業よりも、自分で考えて学ぶ授業の方が、子どもたちは楽しく学びます。

このとき、教員は授業準備として、単元（ある認識を得るための学習の一まとまり）全体のねらいと見通しをもつことが大変重要です。子どもたちは単元全体を通して力を付ければよいので、1時間の授業で子どもが理解できないと教員が焦る必要はありません。一度、この視点で授業を組み立てる力を持てば、教員は、どの教科においても、授業の組み立てが楽になり、その余裕が、子どもとの関係性や学級経営にも良い影響を与えると思います。

子どもたちが、それぞれ課題に取り組む「個別最適な学び」は、子どもの意欲を高めるとともに、教員の力量も高めるのです。

最後に

これまで、教員は、子どもたちのためにと思って、多くのことを取り入れてきました。その結果、教員も子どもたちも大変な思いをしているのではないでしょうか。そこで、「〜しなければならない」を減らしていく「引き算」をしました。これまでしてきたことだから…、子どもにとって良いことだから…、ということを一つずつ引いていきました。様々な課題がある今、私は、教員の仕事をシンプルにしたかったのです。そうして残ったのが、「子どもが安心・安全で楽しく学ぶ学校」です。

誰一人取り残さない。一人ひとりの学習権を保障する安心・安全。これって、「令和の日本型学校教育」、ですね。

橋本　薫（1993年度卒業）

教職の仕事が魅力あるものに

馬場奏子

学校現場から

　ここ数年、様々な理由から教職が「ブラック」と呼ばれています。その現場の中で毎日を過ごしている私がそうではないと言い切れるかと問われると、返答に困ってしまいます。教職になって30年目となりました。これまでを振り返ると、世の中で言われているように、年々、学校の中の様子が変化してきているのをひしひしと感じます。ベテランの域に達して、日々を余裕で過ごせているはずが、今でもいろいろなことに振り回されている毎日です。

　今、いろいろな分野で人手不足を言われているように、実際、学校現場の中でも教員に欠員が出ると代わりの方を見つけることが難しくなっています。代わりの教員が来るまで数カ月間、教務主任や管理職が担任の仕事を兼務してクラスに入ったり、みんなで交代しながら授業をしたりしています。そうなると、週の中で確保されている空き時間も授業をすることになり、長時間労働や精神的負担を課せられていると感じます。

また、近年の子どもたちの様子にも変化があります。担任として毎日を子どもたちと過ごしていますが、様々な特性をもった子たちに対応した授業が求められるようになりました。学習に集中できず、授業の途中でうろうろと席を立ちまわる子ども、授業中、自分の気分で自由に声を発したり、鼻歌を歌い続けたりする子ども、気分が乗らないと学習中でもお絵描きをするなど違うことをやり始める子ども、得意な学習は取り組むけれども苦手なことにはき参加しない子ども等々、本当に多様です。もちろん、クラスの中で一生懸命に学習に取り組み、仲間と共に成長しようと頑張っている子どもたちもたくさんいます。しかし、以前のような一斉授業は成立しないので、これら様々な特性をもつ子どもたちに対応した授業づくりや学級経営が求められます。

また、毎日の生活の中で起こる子ども同士のトラブルの対応や、保護者への対応に追われることも多くあります。この結果、学校の時間内だけで仕事が終わらずに家に持ち帰ってすることもあります。我が子が小さい子育ての時期には、帰宅して家事を済ませ、寝かせた後に夜中に起きて仕事をしていました。働き方改革が叫ばれて、ずいぶんと持ち帰ってする仕事量は減りましたが、やはり、長時間労働には間違いないと思います。

このように振り返ると、教職ってかなりの「ブラック」な仕事だなあと思ってしまいます。

教職の魅力

しかし、このような「ブラック」の仕事を、続けて来れたのはどうしてでしょうか。そこで、教職の魅力とは？と考えてみました。

その一つに、「子どもたちとの出会い」「人との出会い」があります。振り返れば、いろいろな素晴らしい出会いに支えられてきました。その中でも、「子どもたちとの出会い」は教職の大きな魅力です。純粋な心をもった子どもたちと接し、大人の発想では思いつかないことに触れ、心が豊かになります。学級経営がうまくいかず、どう毎日を過ごしていけばよいか悩んでいた時、何かの異変を察したのでしょう、「先生大好き」と書いた何気ない手紙を毎日持ってきてくれる子がいました。この手紙にとても救われ、その子の気持ちに応えようと何とか頑張ることができました。教育は人間と人間が接する場であるからこそ、大変な面もありますが、喜びも大きいものがあります。

また、先日、10年以上も前の教え子との出会いがありました。総合的な学習の時間に「身の回りの水生生物について」の講話をしてくださる方を探していたところ、市役所を通して、お世話をしてくれたのが小学6年の時の教え子T君で、立派な市役所の職員となっていました。小学生の頃の面影もあり、大人になって再会し、社会に貢献している姿を見ることができてとても嬉しく思いました。人としての成長を共に喜べることは、教員冥利につきます。また、初任時に担任をした大阪に住む子から毎年欠かさず誕生日にメッセージカードが届きます。忘れずにカードを送ってきてくれることはもちろん、離れていても近況を報告しあえることに感謝しています。

さらに、転勤でいろいろな学校に赴任する中で「人との出会い」もたくさんありました。公立学校の場合、毎年職員の入れ替わりがあり、転勤毎にたくさんの人たちと出会うことができました。学校は、その年度に集まった様々な年齢の人たちと1年間の様々な出来事を乗り越えていくので絆も深くなります。学校が離れてもたくさんの方たちと繋がり、支えてもらっています。ゼミ生でない私も、このゼミの先生方と出会ったことで、今の私があります。

これからの学校

「ブラック」と言われる教職の仕事ですが、未来の社会を担う子どもたちの成長に関わる重要な役割をもった、やりがいのある仕事です。子どもたちの未来のために、まずは、教員である私が楽しみながら、働きやすい職場にして、教職の魅力を高めていきたいと思います。そして、これから目指す人たちが、やりがいをもって取り組める職場になるよう、改善できたらと思っています。

そのためには、一つ目に「人材の確保」です。クラスの人数が20人程度ならば一人ひとりに目を配ることができるのですが、35人以上いるとどうしてもみんなを見てあげることが困難です。いつもでなくても必要な時に、支援にあたったり授業をしてくれたりする先生がいると助かります。今、学校サポーターという制度で週に1回程度、教室に来ていただいて子どもの支援にあたってもらう先生がいます。音読がスラスラ読めているか、リコーダーの演奏の苦手なところ、算数のわからないところなど個別の支援

にあたってもらうことで、子どもも担任も安心して授業ができています。そして、このような先生が今後増えていくために、十分な賃金の確保がなされることを願います。

二つ目に、「人材の育成」についてです。先日「持続可能なふるさとづくり」のテーマで、K高校と協力して総合的な学習の時間に共同で取り組みました。「ドローン操作」「オンライン水族館（水中ドローン）」を、高校生が教員役となって小学生に教えてくれました。いつもはしっかりと話を聞けない子どもも、年齢の近い高校生が話すことには耳を傾けていました。また、昼休みには高校生が汗びっしょりになって小学生と遊んでくれて、小学生にとっては、学習だけでなく遊んでくれたこともとても心に残ったようでした。学習の中に地域社会の方の若い人材の協力があると、授業が活性化され、子どもたちがさらに成長する姿を見ることができると思います。

これらの取り組みを成功させ、学生さんたちが少しでも魅力を感じ、教職を目指したいと思う職場になるよう、私も実践を重ねていこうと思います。

馬場　奏子（１９９３年度卒業）

子どもとの関わりで生まれる嬉しさ

江口　あかり

「教員は忙しすぎる」「教職は大変だ」とテレビやネットのニュース、新聞等で報道されていますが、実際に教職についている身としても、「確かにその通り…」「もっと制度を整えて…」などと思うことは多々あります。ただ、これから先生たちになろうとしている学生の皆さん、または教員になろうか、なるまいかと迷っている学生の皆さんに、ぜひ知っていていただきたいことがあります。それは、教員をしていて、大変なこと、辛いこともたくさんありますが、その一方で「教員をやっていて良かった」と思える瞬間が学校の日常には散りばめられているということです。

私は今、小学校で特別支援学級の担任をしています。一人ひとりの障がい特性に合わせて、様々な工夫をしながら、試行錯誤の日が続いています。ここで、「嬉しい」「教員をやっていてよかった」と思えるたくさんのエピソードの中から、２つ程紹介したいと思います。

「片付けよっかな」

私が担任している特別支援学級のクラスでは、自分で片付けるのが苦手な子どもたちも多く、片付けをしやすいように、片づける場所に写真を貼ったり、その場所を一緒に決めたりと、日々、子どもと一緒に話し合い、取り組んでいます。ただ、理科や社会科、体育科等は通常学級で共同学習しているため、子どもたちは授業と授業の間の5分間の休憩を使って、準備や移動をしています。従って、毎時間の終了後は忙しく、ついつい私が代わって片付けることになってしまいます。ある日、いつものようにN君が探し物をしていました。

N君「理科のノートがない～」
私　「え？ノート置き場にない？」
N君「あ、下の方にあった」
私　「この前、出しっぱなしやったけん、先生がなおしたよ～」
N君「出た！『妖怪、なおしぃ～』や」
私　「誰が『妖怪、なおしぃ～』よ（笑）。でも、先生がなおしたら、どこにあるか分からんもんね」。

その日から、片付けチェックシートを作り、交流学級から帰ると、必ず一緒に片付け、シールを貼ることにしました。そんな工夫を続けてしばらく経ったとき、交流から帰ってきたN君は私の顔を見て、ニヤッと笑って、「先に片付けよっかな～」と言って片付けるようになりました。『妖怪、なおしぃ～』はしばらくお休みできそうです。

「I like baseball!! やきゅうっ！」

対人緊張が高く、幼稚園の日常場面で話すことができずに入学してきた1年生のT君。学級の子どもたちが優しく話しかけてくれたり、授業で話す練習を繰り返したりする中で、しだいに返事ができるようになっていきました。1学期の終わりには、たどたどしくではありますが、クラスの子や私を含め慣れている先生とは話すことができるようになってきました。

2学期に入った頃、勤務校が英語のリーディングスクールということもあり、外国語活動を学級活動の空いた時間などに入れるようになりました。最初は様子を伺っていたT君も、歌やゲームを取り入れた外国語活動が楽しかったようで、次第に笑顔が見られるようになり、「I'm good!」「(What color do you like?の質問に) Blue!」など、返事をするようになりました。

ある時、クラスに市役所からのお客さんが来校されたので、クラス全員が自己紹介をしようという話になりました。私が「今、英語勉強しとるよね。せっかくだから、英語で伝えてみてもいいよ」と子どもたちに話すと、子どもたちは、「えー！」と言いつつも、「I'm ～」「My name is ～」「I like ～」などと、自分の名前や好きなものを英語で伝えました。T君の番になりました。T君にとっては初めて会う人への自己紹介などは、とてもハードルが高いものです。「先生が言おうか？」「名前だけでもいいよ」と伝えて、私が心配していると、T君が突然、大きな声で「My name is ○○○！」と言った後、「I like baseball!! やきゅうっ！」と言ったの

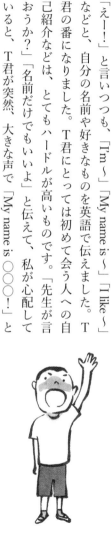

です。子どもたちから大きな拍手が起こりました。

その時、誰よりも驚いたのは私で、「もっと、子どもの成長を信じよう」と、反省しました。その後、T君は、交流先でも自分から手を挙げて発表することもできるようになり、元気に過ごしています。

日常の小さなエピソードを紹介することで、教員の志望者が一気に増えることはないかもしれませんが、教員は日々、忙しい中で、子どもたちの小さな変化がとても嬉しく、その嬉しさが、明日の実践の力になっていることをお伝えしたいと思いました。

教員になろうとしている学生の皆さん方が、これから出逢う子どもたちとの日々を少しでも楽しみにしてくだされば幸いです。これからもゼミの諸先輩方や仲間と語り合いながら、一緒に頑張りたいと思います。

江口　あかり（２００９年度卒業）

この道を振り返る
―附属学校や教育委員会の経験から―

楠本正信

　1989年（平成元年）4月1日、私の教員人生は、s町立k小学校で始まりました。あれから35年、教員として自分にできることを懸命に求め、探し、そして子どもたちと共に過ごしながら歩んできました。

　初任者であった平成元年のことを思い出すと、土曜日は休みではなく午前中に授業が行われていた頃で、子どもたちが下校した後は、先輩方と数人で近くの店に出かけ昼食をとり、夕方までいろいろな話をしながら学級通信の準備などの仕事をしたものです。この土曜日の午後のひと時は、とても楽しく、いろいろなことを教えていただけるありがたい時間でもありました。当時は、文書作りも手書きが主流で、ワープロを多くの方が持ち始めるのはその数年先のことになります。学期ごとの通知表は当然ながら今のように自動入力などなく、手書きとスタンプが主流で、当時は個人情報の持ち出しについても現在のように厳格ではなかったので、通知表は家で書くことが通常でした。

初任から8年後に、n大学教育学部の小学校での勤務が始まるのですが、この小学校での経験は、それまでの8年間の教職経験とは大きく異なるものでした。現在は定かではありませんが、その当時は、1年に3回の教育実習の受け入れ期間があり、1学級当たり年間で合計10数人の教育実習生を受け入れていました。また、全国から参加者が集う研究発表会も毎年開催されるため、その発表会に向けた研究実践を年間通して行っており、研究授業の指導案づくりや、毎時間の展開案づくりなど、作成する文書量はぐんと増えました。研究発表会では、全体で千人を超す参加者があった年もあり、その時は研究授業をしている理科室の中に参観の先生方がひしめき、机間指導に苦労した思い出もあります。また、研究発表会に大学のゼミの後輩たちが参観してくれたことや、ゼミのh先生から温かく、そして鋭い指導助言をいただいたことも思い出されます。

この小学校での9年間は、私の教職人生の中で最も授業づくり、学級づくりに熱く燃えた時期と言えるかもしれません。当然のように帰宅する時刻も遅くなりました。しかし、準備した教材に子どもたちが反応し、活発な意見を出し合う姿に出会えたときは、疲れを感じるというよりもさらなるやる気がわいてきたことを覚えています。

この小学校からの転勤後は、学校以外、つまり教育行政での勤務が多くなりました。具体的には、転勤後の18年間のうちn町教育委員会に3年間、N県の義務教育課に3年間、s市教委に4年間、そして現在の職場に2年間の合計12年間は学校現場とは離れていたことになります。

ふり返ってみると、この12年間に何回となく言われた言葉があります。それは、「忙しかろう?やっぱり学校現場がよかやろ?」という言葉でありました。その時の返事は決まって、「いやどちらもよかですよー。役場には役場の良さのあっとですもんね。日々勉強になっとります」でした。これは決して行政職に配慮した上での返事ではなく、心の底からそう思っていたので、自然と口から出ました。勿論、学校現場での仕事は大好きです。やってみて自分に向いているとも思っていましたし、唯一自分で希望して就いた職なのですから、当然と言えば当然なのかもしれません。しかし、それ即ち教員が一番いいとはなりません。実際いろんな職場を経験させていただいたお陰で、学校の教員では、きっと出会うことのない仕事も担当することができました。また、教育行政職での経験は、私にとって大変有益なものでした。この中では、実際にその職場にいてこそわかる雰囲気を共にし、業務内容など多くのことを学んだように思います。特に、n町やs市の教育委員会時代には、元来もって生まれた明るい?性格と調子の良さで教育委員会以外の部署の職員の方々とも仲良くなり、職員の皆さんのその素晴らしい仕事ぶりを肌で感じさせていただきました。また、役場の職員として、町民、市民の皆様からのお尋ねに対する対応や、選挙の開票業務も経験できました。いつの間にか、「役場の仕事や県教委の仕事と学校で動く教員の仕事は比べるべきものではない、比べてはいけない」、そんな思いがおのずと湧いてきたように思います。それぞれの職には、その道のプロがおり、その職に誇りを持って動いている方がおられました。教員もいい、そして、役場の職員、教育委員会にも良さがあり、それぞれなくてはならない職であることに気付いたのです。

行政としての教育委員会の役割は、学校の設置者であり、その学校で行われる教育活動が円滑かつ効果的に行われるように物的環境、人的環境の面から支えるための業務を日々行っています。従って、子どもを育むための職という点では同じだと言えるのです。また、市町と県の両方の教育委員会を経験させていただいたことにより、国から県、そして県から市町、そして各学校へという文書の流れやそれぞれが所管する業務の範囲などを知ることができました。また所管する学校の状況が分かるため、学校の中での教職員の役割、先生方の頑張り、そしてそれに呼応するかのような子どもの輝く姿を客観的に見ることができたと思っています。それと同時に、何らかの課題が発生した場合には、行政と学校とが情報を共有し、連携しながら課題解決を図ることもできました。このことから考えても、学校の先生が一番いいとは言えないなあと思うのです。繰り返しになりますが子どもを育むという目的では全く同じなのですから。

筆を進める中で、改めてこれまでの教職35年間を振り返ることができました。この過程で、その時その時の具体的な場面が頭に思い浮かぶと共に、子どもを育むことの大切さと楽しさ、そして、難しさを実感していた当時の自分を思い出すことができました。35年の間に学校を取り巻く環境は大きく変化しましたが、子どもが「できた、わかった」という時に見せる笑顔や、自分の目標に向かう姿から放たれる輝きは、今も昔も変わりません。その輝きを、直接または間接的に見ることができる職、そして、子どもを育むことに関われるこの道を選択してよかったと心から思っています。

私の教職の歩みのゴールが近づいてきました。私の場合、定年退職の年齢は64歳ですから、残り7年となります。この7年間をどこでどのように過ごすのだろうと思いながらも、これまでどおり、場所はどこであれ、置かれた場所にいることに感謝しながらとことん、この道を歩んでみようと思います。

楠本　正信（１９８8年度卒業）

「働き方改革」と「働きがい」のはざまで

内野成美

友人の多くが勤める小・中学校等の教員の道を選ばず、スクールカウンセラーとしてキャリアを積み、現在はN大学の教職大学院で教員として勤める傍ら、スクールカウンセラーも行っています。ここでは、後者の立場から述べることにします。

私がスクールカウンセラーとして仕事を始めた当時は、数も少なく、役割についても十分な認識が広がっていなかったため、「スクールカウンセラーって何をする人なの?」「どうしてスクールカウンセラーになろうと思ったの?」などと、よく尋ねられました。今でも、子どもたちから「スクールカウンセラーになって良かった?」と尋ねられることがあります。そのときは、いろいろ考えながらも、「う〜ん、これ以外の仕事をしている自分がイメージできないかも」と答えています。本当にそのように思っているからです。

私が学校に入って思ったことは、「先生方はやっぱり優しい」ということでした。もちろん、いろんな先生方がおられますし、一般化して「優しい」という表現を使うことが適切かどうかも分かりません。しかし、担任を持つわけでもない、授業を担当するわけでもない私が、スクールカウンセラーとして学校に赴くと、本当に多くの先生方から声をかけていただき、使っていただき、力を貸していただきました。今でこそスクールカウンセラーは、多くの小・中学校、高等学校等に配置されていますが、先に述べたように、その頃は県内でも10人程度で、どの場所、どの学校に伺っても同じ職種の人がいることは稀でした。また、スクールカウンセラーに出会ったことがある先生も、ほとんどおられませんでした。そうした中で「心の専門家」と紹介されるたびに、まだ若く、ともすれば学生に間違われるような私は、身がすくむ思いがしていました。しかも、私がスクールカウンセラーとして学校に伺うようになった頃は、当時の前文化庁長官で臨床心理学者であった河合隼雄先生が、スクールカウンセラーを幕末期の黒船来航に例えられ、教育現場に異職種の人が入ることは大きな出来事なのだと言われていました。だから、すでにスクールカウンセラーとして入っておられた先輩方からも、「うまくいかないことがあるかもしれないけれど、丁寧に自分の仕事をするように」と諭されました。自分の仕事がよく分からず不安も多いスタートではありましたが、上述したように、学校の先生方にずっと支えられながら、ここまでやってこれました。初めての学校で先生方のお名前も分からず緊張して座っていた私に対し、周りの先生の名前をさりげなく呼びながら会話に巻き込んでくださった先生、忙しそうに授業の準備をされている先生の横で、何も手伝えずに、つい「すみません」と言ってしまった私に対し、「横に座ってくれているだけで『ああ、私も落ち着かなきゃ』って思ってホッとします」と言ってくださった先生。スクールカウンセラーの勤務日に合わせてようやく別室登校を始めた生徒に対し、笑顔で声かけをしながらその子の興味を確認した後に、その場で即席の授業をしてくださった先生。「初めて煎れました」と慣れない手つきでお茶を目の前に置いてくださり「ちょっと一息つきましょう」と言ってくださった先生。スクールカウンセラー便りを作る際に、子どもたちが読みやすいようにアドバイスをくださった先生など、今も多くの先生方の顔が浮かびます。そして、今もまた、私は多くの先生方に支えられながら仕事をしています。本当に、感謝しかありません。

このような私が、本書のテーマについて思うことは、「教職はブラックと言われるけれど、そもそもブラックとはどのような状態を指すのだろうか」「教職は本当にブラックなのだろうか」「今の課題を改善するためには、どのようにすれば良いのだろうか」ということです。

「ブラック」という言葉が、「ブラック○○」という形で使われるようになったのは、2000年代初頭からのようです。主に企業に対して使われ始めたようですが、若者の就職氷河期を背景に、不当な雇用形態や過酷な長時間労働などが、インターネットの掲示板上で書き込まれるようになり、それが広く社会問題として、「ブラック」という言葉とともに知られるようになりました。また、教職が「ブラック」と言われ始めたのは、2015年あたりからです。この年、文部科学省が「学校現場における業務改善のためのガイドライン～子供と向き合う時間の確保を目指して～」を作成しました。これは、OECD国際教員指導環境調査（TALIS）において日本の教員の多忙化が指摘されたことを受けてのものでした。その後、『ブラック化する学校』（前屋毅、青春出版社、2017）、『教師のブラック残業』

（内田良・斉藤ひでみ著、学陽書房、２０１８）などの書籍が相次いで出版されています。しかし、教員の多忙さや長時間労働に関しては、１９９０年代から佐藤学氏らによって指摘されていました。佐藤氏（１９９４）は、「再帰性」「不確実性」「無境界性」という言葉を用い、教職の難しさを指摘しています。「再帰性」は、教育行為に対する責任や評価は子どもたちやその保護者たちから絶えず返ってくるというものであり、「不確実性」は、別の子どもに対しては有効であった教育態度や技術であっても、子どもが変わると、同じ成果が得られるとは限らないというものです。最後の「無境界性」は、先に挙げた「再帰性」や「不確実性」によって、教員自身が仕事の範囲や責任を拡大してしまう傾向を指しています。教員のバーンアウト（燃え尽き）が指摘されるようになったのもその頃からです。とすれば、教職の特徴やそこに内在する課題は、昔も今も同じであると言えるのではないかと考えます。しかし、通信や移動等の様々な科学技術が発展した今は、昔であればできなかったことができるようになり、「再帰性」はよりダイレクトに、「不確実性」はより顕著に、そして「無境界性」はより広がり、そのことが、人によっては危険水域に達しかねない状況となっているのかもしれません。私自身も頑張ればできないことはないと、ついつい過度に仕事を引き受けてしまう時もあります。それは、インターネットをいつでも使える状況があって、移動したい時にいつでも移動できる手段があるという前提と、それを〝頑張れば〟できるという見通しがあってのことです。ただし、それは自分で選択した場合であって、そうでない場合は苦痛を生じることと思います。そうしたことを考えると、今の働きやすさを意識した業務改善の方向性（働き方改革）は、今の時代にマッチしていると言えます。

しかし、そこでつい〝頑張れば〟という思いが出るのはなぜでしょう。最初に私はスクールカウンセラーとして多くの先生方に支えていただき感謝しかないと申し上げましたが、〝頑張ろう〟と思う時、その向こうに先生方や先生方が大切にされている子どもたちの顔が浮かびます。そして、今は私の大切な卒業生たちの顔も浮かんできます。私が若手のスクールカウンセラーだった時に受けたことを、少しでも学校現場に返していけたらいいなと思っています。それが私の働きがいでもあります。もちろん、働き方にも気をつけつつ、無理をしすぎず、笑顔と余裕をもって、これからも自分らしく教育現場を歩んでいこうと思います。

内野　成美（１９９４年度卒業）

教育を語る文化を創る

川越　明日香

「先生、僕、授業が上手くなりたいんです」

ある日、研究室に1本の電話が掛かって来ました。それは経験年数30年を超えるベテラン教員の声でした。

私は大学教員になって11年が経ちます。大学における教育方法や教育評価を研究していて、全国各地の大学や高校で教員向けの研修を行う機会が多くあります。授業や評価の方法をテーマに講演やワークショップをし、参加者は10年間で数千人に上ります。

学校や大学で講演を行う時は、必ず事前にいくつかの授業を拝見し、生徒や学生、教員たちと関わるようにしてきました。複数の学校から参加者が来る時は、主催者と何度も打ち合わせを行います。それは学校の状況を何も知らない若僧がふらっと来て、偉そうに理論だけを1時間話して帰るという状況を避けたかったからです。今思えば、講演をする自分自身へのお守りとして、この行動を取っていたのかもしれません。

この間、多くの学校を訪問して教員の方と話をする中で、いろいろな悩みや不安を聞くようになりました。年々、その悩みの種類は増えている印象を受けます。すぐに解決できそうな小さな困りごとから、精神的に追い込まれてしまうような大きな困りごとまで程度はさまざまです。しかし、教員たちにとっては、すべてが大切なことであり、子どもたち、保護者の方、同僚、管理職、地域と真剣に向き合っておられます。

ところで、先生たちの活力はどこから来るのでしょうか。新聞やテレビ、インターネットでは、子どもたちの多様化や教員の長時間勤務等が取り上げられ、時には教員による不適切な事件もあります。教員は忙しい、大変、きつい、ブラックだと言われるのに、どうして教員を続けるのでしょうか。もちろん、生活していくためには働かなければなりませんが、「どんなに疲れていても、子どもたちの笑顔に元気をもらった」あるいは、「授業で子どもたちが分かったと言ってくれて嬉しかった」などの声が耳に入ってきます。これは、子どもたちとの関わりの中で、苦労に勝る喜びを感じておられることを示しています。

ある日、研究室に電話をしてこられた先生は、インターネットで私の名前を検索して見つけたそうです。まったく面識のない私に、「先生、僕、授業が上手くなりたいんです」。

電話越しに感じる先生の熱い想いが私の心に響きました。話を聞くと、教員になって三十数年。子どもたちや保護者、同僚との関係は良好です。ここまでの年数、務めてきたのですから、当然、授業も上手に行っているのだろうと思いました。しかし、「今よりもっともっと授業が上手くなりたい、もっと子どもたちの分かった！できた！という声が聞きたい。そして、若い教員たちと一緒に授業力を伸ばしていきたい」という思いでした。

小学校、中学校、高等学校の教員の多くが教育学部のような教員養成系の学部を卒業しています。大学4年間かけて、教育とは何か、教科や子どもの心理について学びます。また、教員になってからは法定研修と言われる初任者研修や中堅教諭等資質向上研修の他、教職経験や職能に応じた研修がたくさんあります。教員たちは忙しい毎日の中でも、様々な研修を受けて実践を重ねています。そして、もっと授業がうまくなりたいと授業研究に励んでいます。私はそんな教員たちの力になりたいと強く思いました。

教職は個人で行うスタンドプレーではありません。どんなに一人が良い授業をして、名人と言われても、子どもたちは毎年、いろんな担任や教科担任の教員から学びます。学校という組織の中にいるのです。つまり、授業が上手な先生が増えることが理想ではありますが、それが組織として動くようになることがさらなる理想です。そのためには最後にこの言葉を紹介したいと思います。

「教育を語る文化を創る」

これは私の大学時代の恩師がある時の講演で話した言葉です。私が大学教員になりたての頃、恩師のこの言葉に大きな衝撃を受けました。そう、大学ではここが欠けていたのです。隣の研究室の先生がどのような授業をしているのか知らない状況があり、研究者間で目に見えない不可侵条約が結ばれていました。しかし、大学では学生が入学してから卒業するまでに124単位を修得していきます。それだけの数、様々な教員が担当される授業を受けることになります。それでもスタンドプレーで良いのでしょうか。

この状況は、小学校や中学校、高等学校ではいかがでしょうか。これまで私は全国の教員たちに向けてたくさんの講演をしてきましたが、話の最後には必ず恩師に教わったこの言葉を伝えるようにしています。

教職はブラックと言われるかもしれません。でも、それを乗り越えるには、教員一人ひとりのスタンドプレーでは時間的、体力的にも限界に来ているのではないでしょうか。大きな目標、目的に向かって、個々人が教育のプロフェッショナルとして、本気で向き合うことは大切です。しかし、それ以上に大切なのは、複数の教員が協力し、お互いの強みや能力を最大限に活かしながら、共通の目標を達成することです。スタンドプレーからチームワークへ。共に教育を語る文化を創りましょう。

川越　明日香（2006年度卒業）

学校の先生と市民社会

橋本健夫

良きにつけ、悪しきにつけ学校の先生の話題が新聞やテレビ等のメディアを賑わす時代になりました。特にここ数年は、暗いニュースの主人公としてクローズアップされ、記事を読んだ多くの人が「えっ、先生が…」と、驚くことが続いています。これは、社会が模範的な市民として先生を認識していることの証拠でもあります。この「学校の先生」が、人々に尊敬の念をもって見られるようになったのは、いつ頃からなのでしょうか。遠い昔の時代を思い浮かべる方もおられるかもしれませんが、近代の学校制度が定着し始めた頃からと思います。また、近代の学校とは、市民の誰もが希望すれば学べる学校を指し、日本においては1872年（明治5年）の学制公布を契機として全国に設置されていった学校がそれにあたります。

学びの基本形

学制公布前にも、学校によく似た学びの場はありました。江戸時代の武士の子弟が通った藩校や、庶民の子どもたちが読み書きを学んだ寺子屋などです。さらに、それより古いものを思い浮かべる方もおられると思います。しかし、それらは学びたいと思う誰もが通えた場所ではありません。藩校には選ばれた武士の子弟のみが、また、寺子屋には暮らしに余裕がある家庭の子どもたちだけが通い、学ぶことができました。もちろん、それぞれには先生役の人がおられました。また、剣道や柔術を学びに道場に通う人には指南役が、踊りなどの芸事の上達にはお師匠さんと呼ばれる人たちが先生の役割を果たしていました。この学びを深めるために先生に付くことは、時代を超えて社会の常識でした。

上手な者から教わる、よく知っている人から学ぶという姿勢は、人間が社会を構成した時代には生まれていたと考えています。そして、親子であれ、あるいは、ある目的を持った集団であれ、それは学びの基本として受け継がれてきました。時代が過ぎ、才能を伸ばし、社会の中で自己を確立したいと考えた人も、その基本型からスタートしてきました。この中で、その先生役を果たせる人が貴族等に雇われ、その家族の専属として高い知識や技能を教え始めたことによって、先生という職業の道が拓かれていきました。

この師弟の関係を、時代を超えて継続させてきたものは何でしょうか。それは、師の高い知識・技能と人間性への人々の信頼ではないでしょうか。その一端を12世紀ごろと言われる大学の創立に見ることができます。ヨーロッパ各地から、教えを請いたいと多くの若者が高名な師の下に集まって大学が作られ、大学を核として町が形成されたと言われています。高い知識・技能を保持し、人間としての信頼を失わなかったが故に、大学は現在まで存在し続けてこれました。

近代の学校と教員養成

近代の学校の開設にあたっても、この考え方が採用されてきました。つまり、子どもたちは豊かな人間性と高い知識・技能を持った先生のもとで教わるのが最適であるとして、学校が開設され、教員養成の仕組みが作られました。日本では、学校での教育内容や教育方法を修得する師範学校と高等師範学校が作られ、その卒業生が全国の学校の教壇に立つことになりました。また、戦後の国の基盤を作るための新しい教育制度の下では、教員の更なる質の向上を図るために、教員免許状は大学を卒業した者のみが取得できるようになりました。その後、小・中学校の教員の養成を主目的とした教育学部が全国の国立大学に開設され、教職を前面に打ち出した高等教育の更なる充実が図られました。以降、教育学部においては、国の教育方針の変更や学習指導要領の改訂等に沿って、教員養成の内容や方法等の改善が図られ、時代に即した教員の養成が行えるよう努力が積み重ねられてきました。一方、教員の採用にあたっては、各県がそれぞれの状況を踏まえての採用試験を実施するとともに、採用後の研修に関しても各県の教育センターを中心とした体制が整えられるようになりました。このように、日本においては、時代を先取りした高い能力を持った教員を育てるための養成、採用、研修という3段階のシステムが整備され、現在に至っています。

学校の先生と社会

著者の子どもの時代には、学校の先生は絶対でした。先生に叱られたことの言い訳をしようものなら、「お前が悪い」と母親にいつもの3倍くらい叱られました。また、家庭内では先生の褒め言葉を聞くことはあっても、先生の悪口は聞いたことはありませんでした。それが今、先生やその職場がメディアで取り上げられ、批判にさらされています。この社会の変化を、どのように理解すればいいのでしょうか。

現在、学校の先生や学校社会に対して、「どうなっているの」という社会不安が高まる一方で、「一生懸命なのに理解してもらえない」という先生方の不満の声が聞こえてきます。これは、近代の学校教育を成り立たせてきた社会と先生の相互信頼が危うい状態になっていることを示しています。この原因としては、先生の不祥事が無くならないこと、いじめや不登校が増加しているにもかかわらず先生方の対応の遅れが目立つことなどを挙げることができます。また、先生方の熱心さの結果としての長時間勤務や休日を返上しての部活指導等が社会問題になっていることも絡んでいるかも知れません。しかし、学校社会や教職に対しての非難は高まるものの、その解決に向けた動きは、非常に遅いと言わざるを得ません。この状況が続けば、有能な若者たちの目が教職から離れ、教員採用試験の受験者の減少傾向に歯止めがかからなくなります。この結果は明らかです。悲しいけれど、日本の学校教育は衰退に向かうほかありません。これを何としてでも食い止めなければなりません。

相互信頼の喪失

この信頼の喪失には、二つの大きな要因があると思います。一つは、能力の高い教員を育てるための養成、採用、研修という三つの段階の機能が低下していることが考えられます。つまり、戦後に整えられた制度は現存しているものの、「仏作って魂入れず」の状況が生まれているのではないでしょうか。そして、もう一つは、毎日コツコツと業務を果たし、子どもたちの姿に一喜一憂している多くの普通の先生方に社会の目が注がれず、その実像が理解されないが故に、教育現場の課題を共に考え、解決しようとする姿勢が生まれてこないことです。

前者の養成、採用、研修の3段階のシステムは、お互いに十分に意見交換し、不足を補い合いながら連携協力をすることを前提に構築されています。従って、社会が急速に進化するときには、今まで以上に連絡を密にして十分な時間をかけて討議し、それぞれの機能の向上を図らなければなりません。しかし、その努力は十分といえるでしょうか。時代の進展とともに新しい課題が生まれているにも拘らず、互いに時間に追われ、それぞれの役割を果たすことに汲々としていないでしょうか。

養成段階を例にとれば、教育実習期間を長くすることや、時代に即した能力を身に付けさせる科目の付加などによって学部教育の充実を図るだけでなく、教職に特化した教職大学院の創設など、教員養成の質的向上に向けての方策が重ねられてきました。しかし、それらの改革を担う教育学部の教員の数が、年々減り続けています。それは大学の独立法人化と無関係ではありません。国は、各大学に外部資金の獲得を増やすように求めています。それに対応する形で、大学は外部資金獲得額が大きい学部への人員や財源の投入を積極的に行っています。その結果、稼げない代表格の教育学部はやせ細らざるを得ません。つまり、教員養成を担う学部には人もお金も十分に配分されていないのです。従って、教員養成学部の教員は時代とともに忙しくなり、学生たちを鍛える時間の無さを嘆かざるを得ません。これでは、先生の養成段階の充実は絵に描いた餅になります。社会は、教員養成にあたる大学の教員の動向にも注視して欲しいと思います。

さらに、各大学においては、養成した先生たちが現場でどのように業務を果たし、どのような点に悩んでいるか等を調査・分析し、その結果を次の時代の教員養成に生かすかというPDCAサイクルが十分に回っているとは思えません。つまり、大学における教員養成のアフターケアがほとんどなされず、いわば、養成しっぱなしの状況が生まれています。一般に、商品を開発し売り出した時は、それがどのように受け入れられているか、改善要求はどのようなものかを調査し、商品改善につなげることはどの企業でも行われています。きつい言い方をすれば、教員養成段階でその機能が乏しいと言わざるを得ません。

近年、養成段階の機能を落とさないために、自己評価の推進や全国的なレベルでの評価を行おうという動きがあります。これを上手く利用し、忙しい大学の教員だけで考えるのではなく、ステークホルダーである学校、教育委員会、保護者、塾などの方々が参加できる場を設けて、教員養成に何が足らないのか、どのようなことを身に付けさせたらいいのかを十分に議論してはいかがでしょうか。そして、定められている基準を守るだけでなく、地域の実情に即した各大学独自の教員養成の仕組みを作り、それを互いに競うことも必要です。

一方、学校現場で教壇に立った先生方の成長に欠かせない研修に関しても、充実に向かっているという話は耳に入ってきません。近年では、学校教育の数学や理科だけでなく多くの教科の学習内容に取り入れられたIT活用力の育成や、国際化が進む社会での多文化理解力育成のために、先生方のコミュニケーション能力を向上させなければなりません。先生方もそれらの能力の向上を常に望んでいますが、そのための研修が十分に実施されているのでしょうか。「研修機会は少なく、結局は自己研鑽となり、限界を感じる」との嘆きが耳に入ってきます。教育基本法には、教員は研修を受けて能力を向上させなければならないと定められています。研修が必要な先生方の顔は見えず、常に決まった先生方の顔が揃う研修になっていないでしょうか。忙しさを増している学校現場の実情を踏まえ、従来の研修実施方法を変えていく必要があると思います。

そして、子どもたちの成長に一喜一憂している普通の先生には関心を示さない人々に対しては、機会をとらえてごく普通の先生の毎日の姿を発信する必要があります。もちろん、事件を起こす先生方の存在や長時間の残業をせざるを得ない現実を隠そうというつもりはありません。ここで強調したいのは、十分に整備されない教育環境の中で、毎日子どもたちの顔を確認しながら、成長を支えるためのごく普通の業務を黙々と果たしている多くの先生方の存在です。この中で時間オーバーになるのは分かっていながら、「今、やらないと間に合わない」との強い想いが先生方を動かしている事実、さらに、休日に自分の子どもの相手ができないことが分かっていても、「教え子たちに勝つ楽しさを味合わせたい」と部活に精を出す先生方の心情を理解してほしいのです。

先生方は自分から望んでブラックと呼ばれる業務環境に身を置いておられるのではありま

せん。その改善を願っても叶わないことが続く中で、「先生はこういうもの」と自分自身を納得させて業務に励んでおられます。そうしないと子どもたちの成長に寄り添えないからです。救いは、その先生方の目に映る子どもたちのはじけた笑顔であり、耳に届く弾んだ無数の言葉です。社会はこの事実を理解し、現在の教育環境をどうすれば変えられるかを先生方と一緒に考えて欲しいと思います。その中で、家庭、地域社会、学校、そして、先生のそれぞれの役割が明確になると思います。それを踏まえて、先生方や地域の学校の応援団になって欲しいと思います。それが、ブラックという言葉を一掃するきっかけになると思います。

信頼回復のために

ここでは先生方の涙ぐましい努力を前提に、社会と教職の相互信頼の構築を語るつもりはありません。先生方が今置かれている状況は改善する必要があります。先生方に「今、何が欲しい?」と尋ねれば、「時間が欲しい」と異口同音に返ってくると思います。欲しい時間は、自分のための時間ではなく、子どもたちと接するための時間です。社会が進化し、様々な価値観が存在する社会で育った子どもたちは、大人たちの予想以上に多様です。その子どもたちが学級に集うのを思い浮かべてください。経験を積んだ先生でもその実態に戸惑います。一人ひとりとゆっくり話がしたいと思う先生と、自分の言うことをしっかりと聞いて欲しいと思う子どもたちがいる教室で、授業が行われています。分からない子のために、授業時間丸々使って様々な教え方を用いての授業が進められるのが現状です。そして、授業が終われば、先生方は後ろ髪を引かれながら、校務や会議などの業務のために職員室へ向かいます。

その胸中には「もう少し意見を聞いてやれば良かった」という思いがあり、子どもたちは「もっと自分の意見を聞いて欲しかった」との不満が残ります。この毎日が繰り返されているといっても過言ではありません。これでは、過去最高の29万人という小・中学校の不登校の子どもたちを減少させるきっかけはつかめません。

この「時間が欲しい」という願いの実現は、20人学級の実施です。現在の40人学級は、少子化が進む地域の小学校においては、30人～35人学級になっています。しかし、まだ多いと思います。著者が見た米国やイギリスの小・中学校でははるかに少ない人数で授業が進められていました。ただ、20人には特別な根拠があるわけではありません。しかし、半世紀の間、各地の様々な学校で授業を観察し、先生方と話す中で、20人位ならば先生にとって時間の余裕が生まれると思ったからです。

教員の負担軽減にあたっては、小学校の場合には算数や理科などにおいては教科専任の先生が受け持つことが提案されています。しかし、これで十分な成果が出るのだろうかという疑問を持っています。それは小学校段階では知識を教えるのではなく、知識に至る過程を子ども自身で知ることが大切と考えるからです。このためには、生活のあらゆる機会をつかまえて教育することが必要となります。授業時間だけでは教えることが先に立ってしまいます。子どもが気付いた時に、取り上げて話題

にし、それに気付いたことを褒めてやることが大切なのです。また、部活担当も問題になっています。これは先生方の意思を尊重し、社会の協力を仰いで先生方の負担を軽減できる道を探るべきと思います。さらに残業問題もあります。これは、自己犠牲を前提とした聖職観を捨て、教育労働への正当な対価をもう一度考えるべきと思います。教職に優秀な人材を集めたいならば、避けることができない議論です。いずれにせよ、教職がブラックと指摘されるのは、先進国としてあってはならないことです。

上述した提案の実現には、国の教育政策の転換と新たな財源が必要になります。世界が大きく変化する中で、防衛力の増強が叫ばれています。その防衛費の増額に比べて、教育に関する予算の伸びは微々たるものです。国を守り発展させるのは、市民です。健全な市民の育成こそが防衛の基本と考え、学校教育の充実に国を挙げて取り組む時に来ています。教育の改革は票にならないとの話をよく耳にしますが、予測不可能な社会であればこそ、子どもたちの教育のあり方やその環境の改革についての議論を深め、その改革の実現に十分な人とお金をつぎ込むことが先進国としての地位を守る鍵と考えています。教育を自分事として捉える社会を作りましょう。

おわりに

改革が順調に行われても、教育の場では先生方は常に大小の悩みに直面することと思います。それは様々な人間の成長に係る役目を担っているからです。しかし、改革が進めば先生方が一人で悩むことは少なくなると思います。それは、社会が、そして、各家庭が先生方の応援団になるからです。時代は進んでいます。教育だけが旧態依然にならないよう、いつの世にあっても社会が教育を正面から捉え、課題を抽出し、解決していくことによって、子どもたちの健やかな成長が期待できます。家庭格差が教育格差となる社会であってはなりません。

第二章　ＯＢからもひとこと

行政と現場を経験して

久松邦夫

教職を退職してから今年（2023年）で8年になります。教職時代は、確かに忙しくしていましたが、今でいう「教職はブラック」とまでは思っていませんでした。そもそも「○○はブラック」という言葉そのものがありませんでしたが…。

「忙しい」は、個人の感覚の違いも関係すると思います。周りの人よりも多く仕事を抱えている人でも、「忙しい」と口にしない人がおられた半面、昼間はのんびりムードで、勤務時間の終了が近づけば、「忙しい」を口にしながら遅くまで学校に残る教員もおられました。このように、「忙しい」の基準は人それぞれです。

私の場合、多忙期には小学校担任の傍ら女子バレーボールの監督、科学館の指導員、理科教育の研究会の幹事というように、一人で4役を担っていました。まだ、学校週5日制が始まる前でしたが、9月から11月にかけて「13週連続土日無し」という状況もありました。その結果、12月に体調不良になり、味覚・嗅覚が2カ月間なくなりました。幸いに良くなりましたが、今思えば、あれはさすがに働き過ぎだったかなと思います（何の自慢にもなりませんが…）。

退職までに、学校勤務と市役所勤務を経験させていただきましたので、「行政と現場を経験して」をテーマにして述べたいと思います。行政としてよく耳にする教育委員会は、「子ども達と先生方（学校）に快適な教育環境を平等に提供しなければならない機関」と考えることができます。今でこそ、教育委員会は「働き方改革」の先頭に立って、先生方の勤務状況を調査し、改善を指導していますが、最初に勤務した頃は「委員会の方は忙しくて大変ですね」と教育現場の先生方から「励まされる」立場でした。その当時を経験した私が先生方や教員を目指す方々にアドバイスできることは、「仕事を如何に効率よくすることができるか」だと思います。

教職37年間のうち、n市教育委員会「学校教育課」に1度目は5年半、2度目は5年間在籍しました。学校現場から教育委員会への異動は、「転勤」というより「転職」に近いものでした。そこで、学校現場とは違った行政の事務処理のやり方から学校を見てみたいと思います。それは、超多忙と言われる学校での事務的な業務が少しでも緩和されないかと考えたからです。

n市役所（市教育委員会）に入った頃は、ちょうど市役所全体で「ファイリングシステム」の導入時期でした。すべての文書を仕事内容別に紙フォルダーに分類して収めるというものです。その頃に抱えていた仕事は、1理科教育指導　2オープンスペース活用　3議会対応

4通学区域の整備でした。この4つは、さらに細かく仕事内容別に分けることができます。例えば、皆さんに一番なじみのある「理科教育指導」を例に挙げると、①学校訪問計画・指導 ②研究校指導 ③初任者指導 ④理科部会指導 ⑤理科振興費配分 ⑦薬品処理 というようになります。

ここで大事なことは「その他」を決して作らないことです。仕事というものは、必ず分類でき、名前を付けることができると思います。学校現場からは、「雑務が多くてねぇ」という愚痴がよく聞こえてきます。この「雑務感」がやがて「多忙感」に繋がっていきます。「雑務感」は、「してもいい、しなくてもいい」という感覚を生みます。そのうち「しなくてもいい仕事をさせられている」、あるいは「しなくてもいいけど、いつかはしなくっちゃ。とりあえず後回しにしておこう」となります。そして、いつの間にか仕事がどんどん溜まっていく状況が生まれてきます。この「あれをしなければ、いつかしなければ」という思いがずっと心に引っかかり、最後は「これって本当は私の仕事なの?」に変わっていきます。そんな思いしたことありませんか。ここで強調したいのは、ことの始まりは、やらなければいけない仕事を「その他」の雑務としてしまったことだということです。仕事に名前を付けて分類しておけば、その仕事に取り組む時間も作ることができます。そして、結果として多忙感も生まれないのではないでしょうか。植物学者の牧野富太郎博士も言われていたじゃないですか「雑草なんてない。名前のない草なんてどこにもない」と。

同じようなことが、パソコンのディスプレイにもよく現れています。私は、ディスプレイを見ればその人の仕事量や仕事ぶりがすぐ分かるような気がします。ディスプレイいっぱいにアイコンがたくさん並んでいる人もいれば、アイコンが少なく整然と整理・分類されている人もいます。「あ〜、この人の頭の中もこんな風になっているのだろうなぁ」と思い、仕事ぶりが一目瞭然です。

また、机の上を見ても同じです。職員室で先生方に文書を配ろうと思っても、プリントを置くスペースすらない机があります。こういう時は、「この先生、余裕がないのだろうなぁ」と察します。私の恩師は、文書はすべて「クリアファイル」を使って分類していました。ファイルは「透明」でなければいけません。中身が見えなければならないからです。

教育委員会に勤めていた頃は、退庁時は机の上には何も無い状態にしなければなりませんでした。最初は面食らいましたが、これは、一日の仕事の範囲を決め、それに関してはその日のうちに遂行するという仕事への区切りを付けるという習慣をもたらしてくれました。学校にも「守秘義務」の部分があります。それを机の上に置いて誰でも見ることができるという状態は、決してよくありません。仕事の分類（ファイリングシステム）が終わったら、仕事が終わったような気がしますが、まだ何も終わっていません。仕事は「計画」と「実行」から成り立っています。しっかりとした計画を頭の中だけではなく文書（言葉）で表現して、始めて具体化されます。

学校現場と行政で大きく違うことは、行政は「予算と起案で動く」ということです。ここでは予算については省きますが、学校の「起案」は、とても簡単な（簡略化された）ものです。行政の起案は、誰が読んでもその内容が理解できるものでなければ、起案は「通りません」。そうでない場合は、起案文は「真っ赤」になって上司から突き返されます。学校現場では経験することはできませんが、このことは、とても勉強になりました。学んだことは、「文書は長々と書くものではないこと」であり、「短い言葉でわかりやすく、誰が読んでも同じ解釈になるように書かなければならないこと」です。間違いが無く、簡潔な文書を書く訓練は、「頭の中でごちゃごちゃ」とまとまりのないものを自分なりにスリム化し、理路整然とした考え方にする態度を身に付けてくれました。その結果の綿密な計画は、失敗ややり直しを防いでくれました。また、能率のよい機能的な仕事運びに繋がりました。

私が、学校と行政で学んだことは、仕事の「分類」と「計画」です。その癖は、今でも生活の中につきまとっています。「いやだなぁ」と思いつつ、役立っていることもあります。この習性を身に付けることによって、先生方の多忙感が少なくなればと思います。

久松　邦夫（１９７８年度卒業）

人生が豊かになる仕事

寺本正治

最近こんなラインが届きました。

「先生おひさしぶりです。保育の実習園が決まり木曜日に園に挨拶に行くのですが、聞いておくべき留意点があれば教えていただきたいです」。

これは、小学校の高学年から学級に入れず校長室登校をしていたY君からのラインです。朝学級へは行かず、いつも人目につかないようにそっと校長室のドアを開け、ソファで自作の漫画を描きながら気がむいた時だけ教科書を開いて勉強する、そんな子でした。

私との関わりといえば、彼が描いた漫画のストーリーを聞き、懸命に描いた漫画を褒め、時々勉強をみて励ますことだけでした。卒業証書は校長室で担任とお母さん臨席のもと、彼一人に渡しましたが、その時の彼の顔には、もう小学校に登校しなくても良いという安心感で満ち溢れていました。

そんな彼から高校に入学後、音楽サークルの演奏会の招待状が届きました。久しぶりに会った彼は演奏会の司会を颯爽と行い、生き生きとサックスを演奏していました。演奏会の後、客席に来た彼は私に挨拶した後に、こう話しました

「僕は高校で音楽サークルの仲間と出会い、変わりました。将来の夢もできました。放課後デイサービスの先生か、障がいを持つ幼児の子どもたちに関わる仕事に就きたいのです」。

届いたラインは夢に向かって一歩踏み出した証でした。

思い返せば、子ども達の教育・保育に携わって40年が経ちました。たくさんの人の成長の瞬間に関われる仕事だからこそ、続けられたのかもしれません。

その原点は、教職1年目、学校の仕事になじめず、子ども達の指導にも行き詰まり、先生という仕事に自信も無くしていた頃でした。

ある日、お母さんからの1本の電話が学校にかかってきました。「先生、昨夜布団の中でH子が自分の手のひらを天井に広げ、嬉しそうに笑いながら見つめてなかなか寝ないのです。どうしたのと聞くと、今日先生から褒められた、とのこと。何があったのでしょう」ということでした。

思い当たることがない自分は直ぐに答えられませんでした。H子さんの顔を思い浮かべながら記憶をたどると、もしかしたらと思うことが一つだけありました。それは、体育の時間のドッジボールの試合中のこと。H子さんは小柄で運動は苦手です。この日もボールから逃げ回ってばかりでした。その時私が「勇気を出して、がんばれ」というような声をかけた後

です。彼女は意を決したようにボールを正面から取りにいったのです。残念ながらボールは出した手をはじいてしまいましたが、その姿を見て思わずその小さな手を握りながら、「よくがんばったね」と声をかけたことをぼんやり思い出しました。その話をお母さんにすると、「きっとそれです。先生ありがとうございました」という言葉が返ってきました。その「ありがとうございました」という言葉が、教員という仕事に自信をなくし、不安がいっぱいであった私に元気を取り戻させるとともに、仕事を続けるモチベーションを高めてくれました。こちらこそ「本当にありがとうございます」でした。大げさになるかもしれませんが、あの一本の電話が、それからの長い教員生活の私の心の支えになっていたと思うのです。

そして、そんな子ども達の心の声をもっと知りたい、分かりたいと思って始めたのが、子ども達に詩を書いてもらい学級通信「スクラム」で発信することでした。その中につぎのような一編の短い詩がありました。

宿　題

先生は私たちに宿題をだすけど
先生はちゃんと宿題をしているのかな
それにしてもかんたんでしょう
先生もさぼらないでがんばれ

教員や大人は子どもたちにいろいろなことを要求します。でも私たちは子どもたちに求めるようにちゃんと自分の仕事をがんばっているのだろうかと自問させられ励まされた作品です。

それから数十年後、管理職として赴任した学校に一人の実習生がやってきました。その学生は、初任者の頃に担任をしたクラスの子どもでした。その子が言うには「先生にあこがれて教員をめざしています」とのことでした。

「私にあこがれていた??」、かなりくすぐったかったのですが、お世辞も言えるようになったのかと嬉しい気持ちでいっぱいになりました。採用試験前には実技の特訓、面接の練習をしたのはいうまでもありません。その子はめでたく採用試験に合格し、何の因果か分かりませんが、数年後に自分の勤務校に赴任してきました。そして、その子が学級で発行した学級通信の名前を見て2度びっくりです。私が担任をしていた頃に発行していた学級通信と同じ「スクラム」でした。

教職と保育に携わってきた40数余年間は、もちろん嬉しいことばかりではありませんでした。人生と同じく喜怒哀楽様々な経験をしてきたことはいうまでもありません。

しかし、それらのことも含めて子どもたちの日々の成長に関われたことは、ふり返ると自分の人生を豊かにしてもらったと感謝の気持ちでいっぱいになります。

寺本　正治（１９８０年度卒業）

先輩として伝えたい事

大野光男

「教職をブラックと呼ばないで」これは、ブラックではないということでしょうか。それともそう言わないで欲しいという願いでしょうか。

２０１９時点での日本の一般政府総支出に占める初等から高等教育への公財政支出の割合は７・８％で、ＯＥＣＤ平均10・６％を下回っています。また、対ＧＤＰ比で３・０％となり、ＯＥＣＤ平均４・４％を下回っています。日本の６～15歳の在学者１人当たりの年間教育支出の累計総額は１０１、３９９米ドルで、ＯＥＣＤ平均１０５、５０２米ドルを下回っています。また、ＯＥＣＤ「図表で見る教育２０２３」によると、ほとんどのＯＥＣＤ加盟国の教員の賃金は、平均すると同等の学歴を持つ労働者の賃金より10％程低いとの報告がなされています。さらに、日本の公立高校の先生の給与はＯＥＣＤ加盟国平均の89％です。

しかし、日本はこのような状況の中でも、学力到達度調査（ＰＩＳＡ）において、読解力

14位、数学的リテラシー1位、科学的リテラシー2位という素晴らしい成績を残しています。

つまり、お金をかけないで優秀な成績を維持しているということであり、日本の教員のなんと素晴らしいことでしょう。しかし、近年そのしわ寄せが教員確保や質の面で次第に表れるようになりました。

近年PISAの成績がよい多くの国が教員の給与を手厚くしだしたようです。また、学級の規模を大きくすることによって、給与を上げ、質の高い教員を雇おうとしている状況もあるそうです。日本の少人数学級化と逆行しているのは面白いと思います。

一方で、社会的な問題が起こると、すぐに○○教育の推進と言って予算もつけずに学校に丸投げする行政にも、疑問を感じざるを得ません。

お金を稼ぎたいと思うのなら、このような状況の日本の教員の仕事はブラックでしょう。

しかし、時が過ぎた今、何物にも代えがたいものを感じることがあります。中年になったおじさん、おばさん達が、現状報告をしに来てくれたり、帰国するといつも手土産を持って会いに来てくれたり、昔まいた種が見事に開花したのを見届けることは、この上ない喜びになっています。

教育基本法には第1条に「教育は人格の完成を目指し…」と目的が書かれています。教員になりたての頃「人格の完成していない教員が、子ども達の人格の完成を目指すことは、可能だろうか」と考えたことがあります。

振り返ってみると、よく子ども達を叱りましたが、同じくらい子ども達に謝っていたような気がします。その都度、子ども達は、私を励ましてくれました。

完全な人間はいません。いつも失敗や思い違いをしてしまうものです。しかし、少しでも「よりよいもの」「よりよい生き方」「善なるもの」を求めていくことが何より大切であり、教員のそのような姿勢が教育そのものになるのだと思うようになりました。自分を改善していこうとする気持ちと行動こそが子ども達に求めていくものだと思います。

私が大事にしてきたこと

本を読まなくても生きていけます。

昔のことや地方の特産物を知らなくても、今を生きていけます。

三角形の内角の和が180度であることを活用している大人は見たことがありません。

地球が、太陽の周りを回っていることを知らなくても、古来人間の歴史は続いています。

歌を歌わなくても、絵を描かなくても日々生きていけます。

逆上がりができなくても、跳び箱が飛べなくても健康に生きていけます。

子ども達はきっといろいろな事に対して「なのに、学校で何故そんなことをしなくてはならないの?」と思っているような気がします。

私たちは、そのような疑問に答えているでしょうか。仲間と学習することに喜びを感じ、ともに成長する実感を持てる授業を目指したいものです。学習することそのものが楽しければ、子ども達は自分から勉強するし、授業も変わってきます。

学習は、点数としての結果を求めるのではありません。結果は後からついてくるものだと思います。知識や技能も重要だと思いますが、それらを得たり、創造したりするための「考え方」や「獲得するための方法」を身に付けさせることが大事なのだと思います。

素直に自分と向き合い努力することや、謙虚に仲間とかかわることを教えることが必要だと思います。そのためにわたしは次の3点を意識してきました。

1　表現させること

子どもは教員に向かって発言します。子どもの発言を教員が他の子ども達に伝えます。その中には45分間ずっと黙って座っている子もいます。つまり、子ども達は、教員を媒体としてしか話し合うことができないという悲惨な学級を目にすることがよくあります。

どうして子ども同士のやり取りをさせないのだろうかと思います。教員は、一人ひとりの子どもをよくみることが大事ですが、それ以上に子ども同士のかかわりを作ることも大事だと思います。教員は思い切ってひっこんで、子ども同士に会話させてみてはどうでしょう。子ども達は仲間とのインプットとアウトプットのはざまで思考・判断・表現の力が鍛えられていくように思います。

2　褒めること

いろいろな先生方のいろいろな授業を見てきましたが、授業中の子ども達への声掛けから、教員のねらいや目指していることがよく見えます。つまり、どこをどのように褒めるかです。

「分かる、分からない」や「できた、できない」ではなく、「ものの見方」、「考え方」、「アイデア」、「学習に向かう意欲や態度」、「素直さ」、「努力」、「仲間に対する思いやり」、そして、「失敗や間違いを認め改善すること」などなど、そのような言動が見えた時に、どこがよかったのかを具体的に褒めるということです。「○○さんは、真剣に考えているような眼をしている。いいね！」や、「○○さんは、○○さんの発言をしっかり聞いているね。いいね！」それだけで子ども達は変わります。

3　方法知を整理すること

「分かった」や「できた」からよいのではなく、「なぜわかったのか」「なぜできるようになったのか」もう一歩踏み込んで価値付けをすることも必要だと思います。例えば、「○○と○○を比べたからわかったのだね」とか「いくつかの共通するところを見つけたからわかったのだね」といったことです。つまり「どのような方法で勉強したからなのか」、あるいは、「どのような考え方をしたからなのか」と、その良さをしっかり整理し、知識や技能を得るための方法知を子ども自身に意識させながら学習することが大事だと思います。

大野　光男（１９７８年度卒業）

もう少し続けてみよう…かな

藤本　貢

　身体も気持ちも疲れ始めていた56歳の時、私は日本人学校に勤務する機会を得ました。正直に言って海外での勤務はこれが最後の機会だと感じていました。そして、帰国後は早期退職も視野に入れていました。当時は、未知の世界へのわくわくした気持ちの方が、海外での仕事に対する不安よりも大きかったように思います。しかし、いざ赴任してみると、全く分からない言語や日本と違う生活様式に戸惑いました。体調も崩しました。それでも生活に少しずつ慣れ、異国の文化に触れる楽しさも味わえるようになっていきました。

　日本人学校の3年目の夏、体調不良で日本に急遽帰国する教員が出ました。その教員の主な担当は中学校国語でした。日本人学校には年度途中に代替の先生は来ないので、その欠員を補うためには管理職も授業をする必要があります。従って、私は校長職をしながら中学校2年生の国語を担当することになりました。私にとって久々の授業です。しかも中学生を教えた経験はなく、加えて私の専門ではない国語の担当です。学生時代は国語の勉強は割と得意で、よく読書もしていましたが、専門外の教科を中学生に教えることにとても緊張しました。でも、やるしかありません。私は教科書を何度も何度も読み、解説書に目を通し、中学部の教員たちに中学生の動向を詳しく聞き、授業のプランを立て第1回目の授業に臨みました。私の緊張感を知ってか知らずか、生徒たちは素直に受け入れてくれました。ただ、私自身は納得のできる授業ではなかったので悔しさを感じました。次回からは、より一層教材研究に力を入れました。でも、やはり上手に教えられず、手応えもあまり感じられない日々が続きました。

3カ月ほど経った時、私は自分がとても元気になっていることに気が付きました。生徒たちとの授業での触れ合い、授業の合間の何気ない雑談、そして、授業に向かうための教材研究などが私に力を与えてくれていたのです。本当に不思議な感覚でした。思い起こせば、私は教員を続けることが嫌になって1度教職を離れ、それでも再度、何かできることはないかと戻ってきたのに、そのことを忘れていたのかもしれません。そのときの心身の落ち込みを忘れたかのようでした。自分が責任をもって授業を担当することで、教職に就いた原点に戻れたように思いました。授業も、そこに至るまでの教材研究も、こんなに楽しいことだったのだとわくわくする毎日でした。生徒たちも授業を心待ちにしてくれるようになり、嬉しい時間を過ごすことができました。終わってみると、私は、身体が動き自分が必要とされる場があれば、教職を続けたいと思うようになっていました。

2020年3月、コロナ禍で日本中の学校が閉鎖となる中での帰国になりました。帰国後、校長として、コロナ禍をどのように切り抜けるかについて悩みました。幸いにも、日本人学校でオンライン授業の研究を文科省から委嘱され、それを進めていた経験がありました。その経験も活かし、教員たちと協力して教育課程を無事に終えることができ、2021年度に無事定年退職を迎えました。退職の年には、無理を言って1年生の全クラスで授業をさせてもらって、子どもたちから再びパワーをもらいました。

教職は昔から時間に制限がなく、いろいろな対応に追われる仕事だったことは間違いありません。「子どものために」と自分のプライベートを二の次にして、仕事に取り組む姿は、今も昔もあまり変わらないように思います。それが問題だとして、現在クローズアップされています。でもその傾向は、もしかすると、どの仕事も一緒なのではないでしょうか。30年前には「24時間戦えますか。ジャパニーズビジネスマン！」というCMもありましたから。

しかし、限られた時間の中で仕事はもちろんのこと介護や子育てをしてきた私の経験を踏まえれば、働き方を見直すことはとても大事なことだと思っています。現在の教職の働き方が厳しいと言うのは間違ってはいないことだからです。しかし、そこにばかり目がいくのではなく、教育は「教える」楽しさや、「育む」喜びもある仕事であることを、私は忘れたくはないと思っています。

実は、日本人学校に在職中、SNSを通じて15年前に担任をした子から連絡をもらいました。同窓会をするから先生も来て欲しいとのことで、とても嬉しく思いました。海外にいるので、帰国したらぜひと返事をしました。コロナ禍での帰国から4年目、そろそろどうですかとの連絡が先日来ました。当時の自分の未熟さを恥じながらも、ぜひ参加したいと返事しました。再会できるのが楽しみです。そして、改めて子どもたちの成長を目の当たりにできる教職は素敵な仕事だと感じました。
定年退職してから2年が経とうとしています。身体もだいぶガタが来ています。それでも私は、もう少しの間教職に関わり続け、子どもたちの成長を見守りたい、そう考えています。

藤本　貢（1983年度卒業）

島の一員になった！

枡田　忍

今でも鮮明に思い出すことがあります。それは、3年間の新米教員としての勤めが終わろうとしていた3月後半のことでした。小さな離島の小学校への転勤を命じられたのです。全く知らない離島でしたので、急いで母に電話すると、「あそこには、人は住んどらんばい」とびっくりしたような声が返ってきました。「えっ、お母さんも知らんと」と急に心細くなりました。調べてみると、確かに地図に島の名前があり、僻地5級地の小学校の分校であることが分かりました。両親はともに離島の出身でしたが、小学校から大学まで長崎市で育った私には、大きな島（本島）のそばにある小さな島（属島）にも子どもたちがいて、小学校も中学校もあるという状況をすぐに思い浮かべることはできませんでした。しかも、その小学校に赴任することを告げられたのですから、気は動転し、夢であってほしいと思いました。

もちろん、N県には多くの離島があることは知っていました。また、N県の教員になれば、離島への勤務も義務付けられていることも理解はしていました。しかし、初任3年目での離島の離島への赴任は全くの想定外でした。赴任先の本校（本島にある学校）からの案内文書に眼を通すと、「水道はありません。ガスはプロパンガスで、本島から運んでもらいます。電気もありますが、ろうそくは大きめを3本ほど用意してください。なお、当分の間使える調味料等も忘れずに」と書かれていました。読み終えると、一気に生活への不安が沸き上がってきました。「どこに住むの?·どのように生活するの？」と気がかりなことばかりです。そこで、すぐに船をチャーターして、赴任予定の島に渡りました。島では会長さんに案内していただき、小奇麗な教員住宅を確認できました。他には、島に全く商店はないこと、必要な品物がある場合は、電話で本島に連絡しておけば、1日1便ある郵便船で届けてもらえること、荷物や郵便は各家庭に会長さんが港から配達して下さること等の説明を受けました。会長さんには家の鍵はかけないようにと釘を刺されました。島から帰って自分の部屋に腰を下ろした時、全身の力が抜けていくような気がしましたが、島での生活が現実であることがようやく理解できました。

4月になって、右も左も分からないまま島での生活が始まりました。新学期が始まり、初めての極小規模の小中併設校での複式授業も行いました。この中で、「渡り」や「ずらし」という言葉で表される複式学級特有の2学年間で行われる授業も、他の先生方から教えていただきながら実践しました。複式学級の授業に関しては初めてのことばかりで、最初は他の先生方に教えてもらっては、それを試みることを繰り返しました。そのうちに、これではいけないと思い、機会があれば、教育センターへの研修出張を希望し、少しでも授業を充実させる努力をしました。この願いが通じたのか、始めは遠巻きにしていた子どもたちも、顔の近くで話してくれるようになりました。

島での暮らしの良い点は、時間がたっぷりあることです。初任校時代は不足がちであった授業の準備に時間が使えます。年が明けたころでしょうか、住宅の横の空き地を開墾し、理科で観察するジャガイモを植えようと思いつきました。住宅は、学校の運動場の横にあるので、授業でも活用できる場だったからです。また、大学時代には理科教育のための教材園を作ろうと、ゼミ生総出で、校舎の裏の空き地を開墾した経験がありました。その経験から何とかなると思ったのです。6畳ほどの広さの土地を1時間ほどかけて草刈りし、次に、鍬で耕そうとしました。ところが、1畳ほどの広さに鍬を入れ、草の根を取るだけで体が言うことを聞かなくなりました。仕方なく座り込んで休んでいると、通りがかった担任の児童のおじいさんが近寄ってきて、「どりゃ、貸してみんね」と鍬を手にして、残った畑予定地を耕し始めました。その間、笑顔でいろいろ話しかけてこられました。理科の教材を作る予定であることを話すと、「先生たちも大変じゃねえ。自分の食べる野菜ば植えるとじゃなく、勉強で使う野菜ば植えるとね」と感心されました。私と話しながら、無駄な力を加えず、鍬を入れた返しで掘り起こされた塊をたたくといった流れるような手さばきを見せてくれました。あっという間に畑予定地の残りの部分を耕し、きれいにならしてくださいました。さらに、最初に私が鍬を入れたところよりも土の塊が小さく、ふかふかになっています。思わず、「すごいですね。ありがとうございます」と声が出ました。60歳は優に超えているおじいさんなのに息の乱れはなく、笑顔で去って行かれました。

このほかに釣りにもチャレンジしました。ここではおばあさんたちがお師匠さんでした。最初はぎこちなかったですが、徐々にたくさんのアジが釣れるようになり、放課後の楽しみにもなりました。このように、何かをしようとすると島の方々が助けてくれることが重なり、島の生活が明るく感じるようになりました。同時に、「島の皆さんは、私たち教員を温かくも見守ってくれているんだ」と思うようになりました。そして、皆さんは口には出さないけれど、行動で島の一員として、私を認め、受け入れてくださっていると気付いたのです。

この離島勤務を皮切りに郡部の学校にもお世話になりながら、12年後に自分が指定した主勤地のn市の学校に戻ってきました。

このように、教員は赴任を命じられた学校のある地域で生活しながら、子どもたちの成長を支援する業務に励むことになります。知らない土地で教員生活を続けられる原動力は、子どもたちの笑顔と教職員を見守る地域社会の温かい心ではないかと思います。私自身も離島や郡部での皆さんの支えで日々成長し、子どもたちへの教育活動を続けることができました。ただ、最適な教育方法を追い求めるときや評価の決断をするときなど、非常な孤独を感じるときがあります。また、失敗したらどうしようという不安感も常にあります。このようなとき、「大丈夫、任せたよ」という一言やその雰囲気があれば、勇気が湧き、前に進むことができます。地域の方々とこのような関係が築けたとき、「教職に就いて良かった」との言葉が出てきます。どの教員も完ぺきではありません。しかし、子どもたちのことを最優先に行動していただけるのではないかと思っています。それを理解していただければ、教職はブラックではないことに気付いて頂けるのではないかと思っています。

最後に、開墾したジャガイモ畑…どうなったと思いますか。順調に育ち、葉も栄えました。しかし、ニジュウホシテントウムシにほとんどの葉を食べられ、全滅しました。大学ではこのようなことはありませんでした。自然が豊かとはこのことを指すのだと失敗に学びました。その対策をした次の年は豊作でした。今もこの経験を生かして教材園を作っています。

枡田　忍（１９８０年度卒業）

四つの大切なふるさと
―出会いと学び―

島崎理恵

私には心のふるさとが四つあります。一つ目は生まれ育ち、そして、教員生活をスタートしたS県、二つ目は学生として教員を目指して学び、かけがえのない友と師に出会って将来の夢を持たせてくれたN県、三つ目はチャレンジが叶い派遣された日本人学校のあるD国、四つ目は再就職して30年以上教員として勤めているK県です。それぞれの地での体験や仕事を通しての学びが、今の私の教員として、人としての土台となっています。どれ一つ欠くことのできない大切な宝物としてのふるさとです。各地での出会いを通して私自身を成長させてくれた出来事を紹介します。

1 S県にて

毎年好物の梅干を送ってくださる教え子がいます。私が教員になって間もない頃の40年近く前に、４年と６年の２学年を受け持ったときの一人です。彼は仕事に就き自立した生活をしていたのですが、病になり現在は入退院を繰り返して通院治療生活を送っています。私が出来ることはほんのわずかなことです。時折、メールで様子を尋ねたり、彼の同級生を誘って見舞いに行って話をします。彼が厳しい状況の中でも前向きに闘病している姿に、私は勇気をもらっています。彼はいつも帰り際に「先生ありがとう。気を付けてね」と気遣ってくれます。優しい気持ちを持ち続ける彼に教えてもらうことがたくさんあります。再会のきっかけは同窓会への招待でした。社会人の中堅として忙しい彼らが神奈川の住所を探し、招いてくれたことに驚き、懐かしい顔が浮かんできました。同時に、若く一生懸命な気持ちにあふれているものの、未熟な教員だった苦い思い出が蘇りました。駆けつけた同窓会では、今なら問題になるような指導の数々を詫びると、ありがたいことに彼らは笑って許してくれました。私が一番嬉しかったことは「先生達は本当に仲が良く毎日楽しそうで、私達も学校が楽しかった」と言ってくれたことです。良き同僚や先輩と指定研究等忙しくも楽しく仕事ができたことは私の宝ですが、そのことを彼らが感じてくれていたことは、本当に嬉しいことでした。その後もK県で教え子たちが集まりの会を持ってくれ、九州で会えなかった子どもたちと再会しました。その会は現在も続いています。彼らとの出会いで多くの刺激を受けたことがきっかけで、私も感性が豊かになり、楽しみも広がっています。温かい気持ち、相手を大切に思う気持ちが互いに伝わり、出会った人達をつなぐとともに彼・彼女らを成長させ、生きていく力や大切なものになっています。そんな奇跡のようなことが味わえる教職は、素晴らしくかけがえのないものだと心から思います。

2　N県にて

大学での一番の学びは、自分自身をより深く理解できたことです。教員を目指し共に学ぶ仲間や導いてくれた先輩や恩師と出会い、講義だけではなく様々な体験やフィールドワークなどを通して学び、一緒に遊びました。その経験が、先輩や後輩との繋がりを深いものにし、40年間続く交流となっています。この繋がりは刺激的な学びの場でもあり、仕事や人生に迷ったり悩んだりした時に安心して相談できたり、自信を取り戻したりできる場ともなり、私にとって自分自身を見つめ直すことのできる大切な宝物となっています。一方、卒論に協力していただいた現場の先生が日本人学校で働くことを知ったことは、海外で教員として働くという夢になり、将来の選択肢が広がりました。

3　D国にて

日本人学校で働き、日本を外から見て感じたことや学んだことはたくさんあります。植物がその地に適応して根付くように、私もD国の人々の見方や考え方に影響を受けました。その中で、髪や肌の色はもちろんのこと、物の見方や考え方が、島国である日本で生まれ育った日本人的であることを思い知りました。滞在中に起きたD国統一の歓喜や、湾岸戦争始まりの緊迫感は忘れられません。地続きの大陸に住む人達の世界情勢への敏感な対応や民族間の交流や断絶の長い歴史等、私達が日本で得ていた情報は限られたものだったと実感しました。また、D国では社会教育が充実していて、移住してきた人たちがD国語を学ぶ夜の語学教室が設けられているとともに、学校が終わった子どもたちが小屋作り等が自由にできる広場があり、スポーツや音楽を学べる教室もありました。学校教育と社会教育がバランス良く整えられ、暮らす人々のことを大切にしていると感じました。

また、職場が仕事に専念できる環境と人間関係に恵まれていたことは、幸いでした。日本の各地からやって来た児童・生徒及び保護者の方、そして、同僚達は個性豊かで熱意にあふれていました。現地育ちの児童・生徒はもちろん、教員やスタッフも含めそれぞれの背景をなす文化や言葉も様々でしたが、時間をかけてお互いを理解することに努めました。それもまた楽しい時間でした。活発に意見を交わし、時には時間を忘れて授業準備をし、よく笑い、よく飲み、よく遊びと、変化に富んだ日々でした。現地の方との交流では言葉や音楽やスポーツ等特技があるに越したことはないけど、私達が日本の教育で日々大切にしている挨拶や笑顔、喜びや悲しみの共感、親切心や相手を思いやる気持ち等は、世界共通語だと思いました。滞在中は、D国人や現地採用の同僚や現地で知り合った方々に生活はもちろんのこと、仕事でもたくさん助けられ充実した時間を過ごすことができました。今も感謝の気持ちでいっぱいです。

4 K県にて

ここでは特別支援学校のことを紹介したいと思います。教育の原点といわれる支援学校では、小学部・中学部・高等部が学校の中にあり、知的部門と肢体部門を併置されていることが多いです。最大の特徴は、最長12年間（現在は9年間）にわたって、一人の子どもの成長を見守り、教育に関わることができることです。それだけ責任は重いですが、こんな経験ができる場は他にはありません。現高等部では指導学級の生徒数は7～9人で2～3人の複数担任制をとっています。授業はティームティーチングが基本です。生徒一人ひとりを大切にするとともに中心に据え、深く幅広く生徒に関わる方々（保護者、入学前教育施設、役所等公共の機関、医療、福祉等）と連携し、さらに、相談や進路等支援連携の担当者も入ってチームで教育にあたります。自分が知らなかった世界が広がります。「みんな違ってみんないい」をモットーに生徒たちが元気に楽しく自分らしく生きていくためのお手伝いができることを目指しています。このように、生徒の将来を見据えた具体的な支援の大切さを学びつつ毎日を送っています。

教員にとって厳しい時代になっていますが、長い教員生活を振り返ると、この仕事は子どもたちと一緒に自分自身が成長できる、そして、自分の幸せ探しができる素晴らしい仕事だと私は思います。さらに、出会った人達との交流は、心に灯りをともすとともに、人生を豊かにしてくれるものと思います。

島崎　理恵（１９８１年度卒業）

彩豊かだった教職時代に感謝

林　敦子

自宅の庭先から、近隣の小学校の職員室が見えます。窓の奥の人影や、遅い時間までついている明かりを時折眺めながら、「先生方、頑張らないで、頑張ってください」と心の中でつぶやいています。そして、自分の教職時代を思い出しています。

教員生活は、1982年にs市の小さな小学校から始まりました。そこは算数の研究指定校で、次の学校は体力つくりの研究指定校でした。若い頃に研究に深く取り組んだ経験は、教職を続けるうえで財産の一つになりました。言うまでもなく、子どもたちあっての学校です。大学卒業後は、子どもたちの心がわかる教員になりたいと思って教職に就きました。そして、亡祖父がよく口にしていた「お陰様で」の心を忘れないようにしようと思っていました。ただ、激励のつもりでしょうが、「子どもたちは先生を選べない」という言葉を耳にしましたが、当時はとても重く感じました。

赴任してしばらくすると、教員が楽しそうに学び、遊び、そして、生き生きとした様子でいると、子どもたちも楽しく学校生活が送れると思いながらも、学級経営や教科指導で悩む毎日でした。そんなある日、独りポツンと教室にいると、S先生が入ってきて、「なんで、そがんしとっと」と声をかけてくれました。きっと落ち込んだ表情だったのでしょう。その一言で、はっと我に返り、いろいろなことを考えました。そして、教員は子どもたちに求めるばかりではなく、自分自身が人として成長していくことが、子どもたちの成長を支える第一歩だと気づきました。この何気なく言ってくれたS先生の声掛けは、私にとって非常に大きな意味を持った出来事になりました。

30代後半の2年間、交流事業で養護学校（今の特別支援学校）に勤務することになりました。知的障がい児の教育は初めてでしたが、4年生5人の担任になりました。2人担任制なので、先輩の担任の先生から予め指導は受けたのですが、子どもたちの実態把握や対応については ほとんど身に付かないまま始業式を迎えました。しかし、その日初めて出会った子どもたちの純真な笑顔は、それまでの不安感や緊張感を吹き飛ばしてくれました。特性が異なる子どもたち一人ひとりの小さな変容に気付く感性を磨き、適切な手立てを考え、実践していくという教育の原点を思い出させてくれた貴重な期間でした。

教職の最後の6年間は、発達障がい害児の通級指導を担当しました。当時は、自閉症や発達障がいなどの理解が現在ほど深まっていませんでしたので、保護者の方の悩みも大きく、様々な面での支援の必要性を強く感じました。周囲から否定されることが多い子どもたちが、自分をほめてもらう経験を積み重ねることによって、自己肯定感をもって安心して生きていける社会であって欲しいと切に願いながら勤務していました。様々な分野で多様性が強調される昨今、全ての子どもたちが「桜梅桃李」つまり、みんな違ってみんないいとお互いに思い合う心を持つように導き育む教育がさらに浸透して欲しいと思います。

退職して10年たちました。その間に児童クラブの指導補助やスクールボランティアとして、子どもたちと関わる機会がありました。学校を離れて教育に携わることで、現職の時とは違う視点で子どもたちと接することができ、教育に対する考え方の幅が広がったように思います。これまでの教職人生を漢字一文字で表すとすれば、「彩」となります。初任者研修指導や算数TTも経験し、いろいろな立場で仕事ができたことによって自分自身を磨くことができたと思います。そして、折々に出会った子どもたちや先生方にも感謝です。初任時に心がけた「お陰様で」の心がようやく根付いたような気がします。

先生方や先生を目指している方々には、晴れやかな顔で頑張って欲しいと思います。そして、頑張りすぎないようにしてほしいとも思います。顔が突っ張って感謝の念が持てなくなったら大変です。これからも庭先から学校を眺めて、活気あふれる子どもたちと生き生きとした先生方から元気をもらって過ごしたいと思っています。

林　敦子（１９８１年度卒業）

教職への願い

K・S

私は20年足らずで教員を辞職しました。この書籍のテーマに沿わないかもしれませんが、何かの参考になればとの思いから、その経験を書きたいと思います。

私は40年ほど前に小学校教員の職に就きました。採用者数が多いころで、同じ学校に新任が4人いました。私たち以外にも若い先生が多く、いろいろな相談にものってもらえる職場でした。初任者指導教員もない時代だったので、隣のベテランの先生の教室をしょっちゅう覗いては学級経営の参考にさせてもらい、試行錯誤の毎日でした。

昼休みに子どもたちと遊ぶと、授業準備や通信作成、成績評価などは終業後残ってするか、持ち帰るかしかありませんが、それは当たり前のことでした。教材を身近にできるように、教室に教科書にでてくる作家の絵本を全部そろえて自由に読めるようにしたり、谷川俊太郎さんや寺村輝夫さんの文章を書いて壁に貼り巡らし、お口の体操として毎日声に出して読む時間を作ったりしました。そういう試みには、私自身も楽しんで取り組みました。研究授業を行うのは準備に時間がかかりますし、授業を公開するのも苦手でしたが、それらは、教材を活用してどのように指導するかを追求するためには役に立ったと思います。また、その後の子どもたちの学習に向かう構えを養うのにも役立ちました。一方、運動会、学習発表会などの行事があると忙しさも増しますが、子どもたちと一緒になって達成感や喜びを感じることができました。夏休みにこっそり数人の子どもに個別学習をしたこともあります。今なら問題になることかもしれません。このように、教員の仕事は際限がありません。

教職に就いて、十数年たったころのことです。保護者の方からのクレームがきっかけでした。私に対する怒りの言葉が激しくて、身体的にも精神的にも不調に襲われました。初めてのことでした。それまでに、子どもたちのいじめや不登校といった心を痛める出来事を何度か経験していました。でもこのクレームには耐えられず、心療内科を受診しました。医師に状況を説明している間、涙がとまりませんでした。1カ月休んだのち学級に戻りました。復帰した私の様子を見た管理職からは「普段と変わりなく授業していたね」と言われたのですが、私は不安感に襲われ、逃げ出したい思いをこらえながら教壇に立っていたのです。心の病気というのはなかなか理解してもらえないのは、辛いことです。その後、事態は解決したと当該の保護者から連絡がありましたが、私は思考が停止して、ほとんど話すことができませんでした。その後、すぐに具合が悪くなり、受診をして休職ということにしましたが、状態は回復せず、その年度の終わりころに辞職を決心しました。正直なところ、辞めるのがいいのかどうかの判断もできない状態でした。

休職中、担任していた子どもたちが、メッセージをくれたり、同僚がメンタルを癒す方法を教えてくれたりしました。それらの応援には感謝しつつも、いい形で応えることはできませんでした。辞職後は、教育関係の話題には関わりたくないという思いで、長い時間を過ごしてきました。私の子どもの学校関連の行事には行かざるを得ませんでしたが、苦痛でした。

自分が保護者の立場に立ってみると、授業や生活指導のためにどれだけの時間をかけているかといった先生たちの苦労は、なかなか伝わってこないと感じました。教職の忙しさもやはり経験しないとわからないと思いました。

当時、私以外にも心の病気で休みを取っている同僚が何人かいましたが、1週間とか1カ月で復帰していました。私のように辞職することになった例は数少ないのかもしれません。結局、自分には適性がなかったんだと言い聞かせています。

心の病気になった直接のきっかけは述べたとおりですが、私の中で数年にわたる日々の忙しさが常態化し、いっぱいいっぱいの精神状態になっていたことも原因だと思います。クレームを受けたあと、管理職に保護者との関係悪化を報告相談したのですが、対応についての助言はありませんでした。あのとき、そばで心配そうに私を見ていた教務主任に話を聞いてもらえばよかったのかもしれません。私も子どもが待つ家に帰らねばならず、話ができない状況でした。欲を言えば、病休後、段階を追って現場復帰できるような体制があればなあと、今は思います。学校にも管理職にもそのような時間も人的余裕もないとすれば、非常に残念です。誰でも些細なことで心の病気を発症します。軽くて済むか、長引くかは周りの協力や思いやりによるところが大きいと思います。

私は数年前からすっかり回復して、教え子が訪ねてくれると心から嬉しいと思えるようになりました。人とつながっている、それを実感できるのが教職の魅力、やりがいだと思います。しかし、子どもたちや保護者の方との人間関係のトラブルが大変な負担となることも、事実です。一人で抱え込まずに、早いうちに同僚にでも、管理職にでも相談できる環境が整備されたらいいなと思います。そして、悩み疲れた教員が辞めることなく、長く教職を続けられる教育現場になることを願ってやみません。

Ｋ・Ｓ（１９８１年度卒業）

学校サポーターとしての活動

江口浩司

早期退職して5年目になりましたが、現在、n市内の小学校28校で「学校サポーター」として活動しています。「学校サポーター」とは、小学校の教育活動としての児童の学習支援や相談活動、環境整備などをより充実することを目的として、n市教育委員会が各学校に配置している地域の人や保護者の方を指します。私は、先生方を対象としてパソコンを使った校務の支援を行っています。

私がパソコンを手にしたのは、赴任2校目のk島の小学校に6年間勤務した時です。学校にはまだパソコンが普及しておらず、個人的にNECのノートパソコンを購入しました。OSはWindowsではなくMS-DOS、そして、画面も白黒でした。そこで表計算ソフト「Lotus 1-2-3」のプログラムに夢中になりました。そして、赴任3校目のn市内の学校で、表計算ソフト「Lotus 1-2-3」でスポーツテストの結果を入力すると各種目の結果がレーダーチャートのグラフ付の個人票ができるプログラムを完成させました。そこでは、全児童のスポーツテストの結果を印刷して配布することができました。

次の技術向上の機会はN県教育センターの研修員時代でした。センターでは、VisualBasicを使ってのソフトの作成が私の役割でした。最初、学級事務関係の書類作成ソフト作成を希望しましたが、学習用のソフトを作成してほしいとのことでした。そこで、筆算の学習ソフトを作成に取り掛かりましたが、研修員である私たちは、VisualBasicの講義を受けることもできず、すべて独学で習得せざるを得ませんでした。センターで与えられたのは場所と時間だけでした。仕方なく、分厚い本を5、6冊購入して始めました。毎日、センターと自宅で8時間以上、パソコンに向き合う日々でした。努力の結果、「ひっ算のドリル」ソフトを完成させることができました。

センターでの1年間の研修が終わり、次の赴任校に勤務して2年目に教務主任を命じられました。そこで教務として、担任の先生方の手助けになればという思いで、Excelのマクロを使った指導記録簿や学級会計簿、通知表、全校児童の名簿を一括管理するプログラムなどを作成して、先生方に活用してもらいました。更に、栄養教諭の給食献立作成、アレルギー対策などのプログラムや養護教諭の朝の健康観察表なども作成しました。また、n市内の教務主任が集まる支部の教務主任部会では、パソコン研修を行い、私が作ったプログラムを紹介しました。教務主任としての19年間には、Excelのマクロを使った様々なプログラムを作成し、改良を重ねて活用してきました。

振り返れば、表計算ソフト「Lotus 1-2-3」と出会い、センターでのVisualBasicの経験があったからこそ、Excelのマクロで多くのプログラムを作成することができました。そして、これらのプログラムが活用されることで、先生方の仕事の効率化に貢献できたと自負しています。そこで、早期退職をして、これまで作成した校務に関わるプログラムをより多くの学校に紹介し、活用してもらうために「学校サポーター」として活動することにしました。

「学校サポーター」として活動する中で、校務の効率化を図るために、新たに大きく二つのことに取り組みました。一つ目は、私が退職した次の年から導入された校務支援ソフトへのデータ入力をサポートするプログラムの作成です。莫大な予算を使って導入された校務支援ソフトですが、データの入力の面に問題がありました。例えば、成績や健康診断のデータ入力方法は、2通りあり、まず一つ目はプルダウンメニューを一つひとつクリックして入力する方法のため、完成するまでとても手間と時間がかかります。もう一つのデータの入力方法は、Excelシートにデータを入力する方法です。そこで、私はExcelシートにデータを簡単に入力できるプログラムを作成しました。これにより手軽かつ短時間で校務支援ソフトにデータを入力することができるようになりました。二つ目は、多忙である教頭先生のための書類作成プログラムを作りました。そのプログラムの活用によって、勤務時間報告、長期休業中の動静表、長期欠席児童の報告などの書類作成は簡便化されたはずです。

働き方改革という言葉がよく使われますが、現実に仕事量は増えているのに、勤務時間を減らせという矛盾が生じています。教育委員会が報告用のワークシートを配布する際に、データを単に入力するだけのものではなく、マクロを利用してデータをうまく利用できるものを配布してくれたなら、もっと短時間で報告文書を作成することができ、効率化が図られるのにと思います。教頭先生の報告文書の中には、私が作成したプログラムを利用することによって、大幅な時間の節約が可能になるものもあります。
パソコンが学校現場に導入され、仕事の効率化が図られたと思う先生がどれほどいるでしょうか。現場を見る限り、ペンがパソコンに代わっただけと言っても過言ではありません。確かに文字はきれいだし、修正も簡単にできるので効率的ではあります。しかし、タブレットが児童に配布されて、先生方はさらに多忙になっているのではないでしょうか。パソコン環境整備と称してハード面には多くの資金が注がれていますが、ソフト面や人件費に資金をもっと使えば、先生方の働き方改革につながると考えています。

江口　浩司（１９８３年度卒業）

先ず隗より始めよ

田口泰浩

いじめや不登校の増大や働き方改革等が議論される中で、学校教育の現場が取り上げられ、いくつかの問題点が挙げられています。そして、ブラックの言葉が徐々に社会に浸透しているような気がします。また、その状況を改善する議論も始まっています。この流れが新聞等のメディアで報道される度に、「そうだな」「いや、待てよ」などとつぶやきながら、退職後の日々を送っています。この中で考えてきたことを述べたいと思います。

結論から言えば、「先生方、追い詰められたときは、逃げていいんだよ!」であり、「堂々と休職するんですよ!」、そして「回復すれば、待っている子どもたちに会いに戻ればいいよ」となります。

たくさんの問題を抱えて、「何とかしよう、何とかしたい」と、一生懸命に取り組む先生方を見てきました。私もそうであったかもしれません。その中で、ぎりぎりで立ち直る方もおられれば、心身ともに折れてしまわれる方もいました。後者では、問題が重すぎたことや援軍がなかったこと、そして、自分を責めすぎることなどいくつかの共通項がありました。何よりも、先生方は優秀で、それまで一人で解決してきた歴史を持っておられます。

そう、先生方はずーっと「できる子」だったのです。だから、想定外のことにぶつかった時、周りの人にうまく相談できないのです。また、「こんなことで困っているところを見せると能力が低いと思われるかも知れない」と躊躇してしまうのです。その結果、問題を解決できないまま、次の問題を抱えるといった負のスパイラルに陥ってしまいます。このスパイラルから脱出するのは、並大抵の力では不可能です。それが、真面目な先生方を徐々に蝕んでいきます。これは、学校教育にとって大きな損失です。

だから、言いたいのです。「先生方、できないことは恥ずかしいことではないんですよ」と。また、「先生方、たまにはできない子になりましょう」と。そうすれば、きっと、周りが助けてくれるのです。

ただ、このような思いをされる先生方を出さないことが、何よりも重要となります。それには、教員自身や学校の足元を見つめなおす必要があります。幾つかの教員種に分けて、思いつくままに述べてみましょう。

「校長先生」

学校のみならず教員間の雰囲気を作る力があります。それをまず自覚してほしい。厳しくする必要はありません。教員が気付かないところをカバーするだけでいいのです。それによって、教員の信用を得ることができます。また、教員が相談しやすい校長先生になれます。

「教頭先生」

上意下達の方針は、自分の身を守ってくれます。しかし、教員との距離は遠くなります。できないことや知らないことは、教員に頼んだり、教えてもらったりしましょう。決して、教員は、教頭先生は能力が低いなどとは言いません。むしろ自分たちに胸襟をいつでも開いてくれる教頭先生ということになります。先生方と仲良くなれば、問題解決に向けた知恵がたくさん出てきます。

「中堅の先生」

若い頃のエネルギッシュな姿は、忘れましょう。そうでないと、何でもかんでも引き受けて身動きが取れなくなります。そうなると、描いてきた夢が遠のきます。自分の得意技を磨く時間を持つことです。それによって、若い教員から慕われる中堅になれます。

「フレッシュな先生方」

授業をベテランに学ぶとともに地域の良さをどん欲に身に付けることです。そうすれば、子どもたちの理解が深くなります。ただ、社会体育とは適度な距離を保ちましょう。学べる時間を無駄にしないことです。伸びしろは無限大なのですから。ただ、学習内容が多くなった今、ベテランから上手く盗みましょう。盗めないところは、時間をかけて自分を磨きましょう。野球の大谷選手のように、自らの達成目標を紙面にして視覚化するのもいい方法ではないでしょうか。

このような教員間の雰囲気を作り出せるならば、教員にも、子どもたちも笑顔が絶えない学校となると思います。最後になりましたが、憧れの教職に就いた時、まず何をするかと思案したときのワクワク感は、三十数年経った今でも忘れません。この気持ちを若い人たちに伝えたいと思います。

田口　泰浩（１９８３年度卒業）

人とのつながりを考えて

渡邊亮人

私は小学校教諭を10年間勤めた後、40歳で鍼灸院を開業しました。そこで体験したことを、自戒の念を込めつつお話ししようと思います。鍼灸師となって数年経ったある日、臨床中に不思議なことを体験したのです。患者さんの首痛を治療するため、背中のツボに鍼を刺すと、横に立っていた私の首に鍼の響きを感じたのです。すぐ自分の首を確認しましたが、鍼は刺さっていませんでした。そしてこのような現象は、その後も何度も起きました。東洋医学の書籍で調べても、鍼灸仲間に尋ねても、なぜこの現象が起きるのか分かりませんでした。未だにその答えは得られていません。

人間関係と心

ところで、鍼灸院では患者さんから人間関係のことで相談を受けることが多々あります。

わが家もご多分に漏れずいざこざが時折あります。とかく人間関係は難しいことばかりです。どのように患者さんに答えたらよいか迷っていると、瞑想が役立つと知り合いから助言を受けました。やり方を教わって始めてみると、心の中で様々な思いが湧き上がってきました。最近あった出来事や幼い頃の喧嘩の記憶、怒りなどのぐちゃぐちゃの感情が、ゴミのように心に溜まり込んでいたのです。これにはびっくりしました。このゴミを取り除くことができるのが瞑想です。

いさかいの始まり

いさかいは、どのように起きるのでしょうか？初めは些細な事だったのに、意見や考え方がちょっと食い違い、「自分は正しく、相手が間違っている」と思い始めます。「言葉で説明すれば分かってくれる」と思うのですが、相手は聞き入れません。そこで、感情が高ぶり、激しい言葉できつく当たることによっていさかいが生じます。初めから尊敬と愛情の心で接していればよかったのにと悔やんでも、後の祭りです。

では何をどう間違ったのでしょうか。考えてみると、どの人も自分を大事にしてほしい、自分をありのまま受け入れてほしい、優しくしてほしい、愛してほしいと望んでいます。一方、対応するどの相手も自分は正しいと思っています。だから、あなたがいくら言葉で説明しても、相手は聞き入れず、お互いに否定されたと感じて心を閉じてしまい、お互いの言葉を素直に受け入れられなくなるのです。

瞑想で心の中を整理する

家の中で物が散らかっていれば整理しますが、心の中を整理する大切さを、人間は学んでいません。友人からバカにされた、上司から激しく叱責された、親友と別れたなど、心はさまざまな出来事で傷つきます。その時の怒りや悔しさ、悲しさなどの多くは、何の手当もなく我慢して心の中に抑え込んでしまいます。これらがどんどん増えて心の大部分を占めるようになってしまうと、普段の穏やかな心が失われます。これは大きな問題です。

瞑想することによって、癒されない記憶や感情が手当てされ、心が穏やかさを取り戻すことができます。自分は友だちからバカにされたと、以前は「自分からの視点」のみで捉え、感情が高ぶっていました。瞑想では、「さまざまな角度」から出来事を観察し直し、再確認してみましょう。相手が自分をバカにした理由は何だったのか、本気でバカにしたのか、それとも弾みでその言葉が口を突いて出てしまったのかなど。その時に把握していなかった相手や自分の立場、事情など、全体像を正しく理解しなおしましょう。すると、あら不思議、怒りの原因となっていたものが消え、怒りが収まるのです。そして、いさかいに意味がないように感じるようになります。

相手との出来事を通して、瞑想は、自分の心が気付いていなかったことを教えてくれます。そして心の成長を促してくれます。もちろん心がスッキリするので、症状が軽くなったり、相手との関係がよくなったりするのにも役立ちます。

よかったら瞑想を試してみてください。手始めに経験豊富な指導者からやり方を教わり、少しずつゆっくり取り組まれることをお勧めします。

教職は、人間関係が全てと言っても過言ではありません。この中にある難しい課題に臨んでは、先ず自分の心を穏やかにすることが、第一歩だと思います。これを習慣づけて、子どもたちの支援にあたりましょう。

渡邊　亮人（１９８１年度卒業）

第三章　教職を目指す方へ

両親からもらった財産

山中志帆

「縄文人と弥生人は、どちらが幸せだったのだろう」

「織田信長、豊臣秀吉、徳川家康の中で、一番の戦国武将は誰だろう」

「明治政府の政府案を作ろう」

これは、私が小学校6年生のときに実際に受けた社会の歴史の授業の一部です。

「次は教頭先生の社会だよ！」

とクラスメイトたちが楽しみに話していたのをよく覚えています。実は、この6年生の社会の授業を担当していた教頭先生は、私の父親でした。

私の両親は小学校の教員です。両親の転勤に合わせて、小学校6年生のときに、n市からg市の学校へ転校しました。思春期に差し掛かっていた時期に転校し、さらに父親から授業を受けるのは、少しむずがゆいような、気恥ずかしいような、なんとも言えない感覚になりました。転校先で出会った12人の同級生は、当初少し話し言葉が違った私に「g弁講座」を開いてくれるような思いやりのある人たちでした。父親に関しても「教頭先生」と「志帆ちゃんのお父さん」を良い塩梅で使い分けてくれました。そのおかげで、むずがゆさや気恥ずかしさは次第に消えていき、周囲へ特別な気を使うことなく社会の授業を受けることができました。

そんな学校生活の中で、社会の授業をする姿はもちろんのこと、遠足や昼休みに運動場で子どもたちと鬼ごっこをして遊んでいる姿、全校集会で司会をする姿、職員室でパソコンに向かって仕事をしている姿など、家では見ることのない一風変わった父親の「働く大人の姿」を目にしていました。

実は、g市の小学校に転校する前に通っていたn市の小学校には、母親が勤務していました。母親は学級担任をしていたため、私がいる学級の授業を担当することはなく、学校での関わりはほとんどありませんでしたが、学級の子どもたちにいつも囲まれていて、楽しそうに笑っている姿は、今でもよく覚えています。また、集会や委員会活動、運動会などの行事では、母親だけれどもまた別の、先生として「働く大人の姿」を度々目にしていました。

そんな父も母も、家に帰ってくると、親としての役目を全うしてくれました。ふざけた話で笑い続けたこともあれば、こっぴどく怒られたことも何度あったかわかりません。そんな中、家では仕事や学校の話を聞いたことはありませんでした。ただ、たまに朝早く目が覚めると、まだ外が薄暗い中で仕事をしていることがありました。今思えば、それはまだ小さかった私たち3兄弟に合わせて、毎日一緒に寝てくれていたからなのだと思います。

私は両親が教員であり、さらに私の通う学校が、たまたまふたりの勤務先だったからこそ、親の「働く大人の姿」を自然と見て過ごす経験ができました。いつも楽しそうに笑っていて、生き生きとしていて、「親としての顔」とは違うその姿は、どこかいつも誇らしかったと同時に、「働くって素敵だな」「大人になるって楽しみだな」という思いが、私の中で自然と湧き上がっていたのだと思います。そしてそれは、私が両親からもらった大きな大きな財産だったのでしょう。

両親から「教員を目指してみたら？」なんてことは一度も言われたことはありません。自分でも「私は人見知りな性格だから、志望は教育学部以外で！」といつも言っていて、高校でも理系に進みましたが、結局は教育学部の門をたたいていました。そして、小学校教員になって約10年。子どもたちの「できた！」「わかった！」という日々の成長に関わり、共に喜び合える瞬間がたまらなくて、まだまだ底知れない、教員という仕事の魅力にどっぷりとはまっています。

そしてこんな私も、今では2児の母となりました。まだ小さい息子たちが成人する頃には、どんな社会になっていて、その社会がどんな職業で構成されているのかはわかりませんが、息子たちが将来進む道を考えるときに、「働くって素敵だな」「大人になるって楽しみだな」と自然と思えるような母親の姿でありたいと思います。

山中　志帆（２０１１年度卒業）

学校の先生とは絶対に…

Y・S

「お母さんみたいな…学校の先生とは絶対に結婚したくないな〜」

「そんな言いよるけど、絶対お母さんみたいな人を好きになるよ〜」

教員を職業とする私と息子との、ある日のたわいのない会話です。その場では、何食わぬ顔をして、笑顔でかわしましたが、心をえぐられるようなそんな衝撃だったことを鮮明に覚えています。現在では、家を巣立ち自分の目標に向かって邁進している我が子を、夫とともに応援する日々を過ごしています。子育てが一段落し、人生の折り返し地点に立つ今、この会話とともに、子育てと仕事の両立で忙殺されていた日々を思い返します。子育ても教員としての仕事も中途半端で、満足できた記憶はほとんどありません。子どもの幼稚園のお迎えの時間に間に合わなかったときも多々あり、幼稚園の玄関で先生と2人でぽつんと私の迎えを待っていたことも1度や2度ではありません。日曜に公園に連れて行って大好きな鉄棒や縄跳びの難易度の高い技が成功したときも、「おかあさん、みとって、みとって」と何度も叫んでいる我が子を横目で見ながら、持ち帰った仕事をママバッグから取り出し、月曜日から始まる授業の準備や学級事務の仕事をするという日々を過ごしていました。

そんな余裕のない日々の中で、忙しさを理由に自己研鑽してこなかった私には、もちろん授業力も生徒指導力もつくはずはありません。同期の先生方の活躍をうらやましく感じる日々や、自分の教員としての力のなさをなさけなく思う日々が続きました。そのような私の生活ぶりを見て、我が子は教員という仕事に対してネガティブな印象をもってしまったのだと思います。このような状況であっても私が教員を辞めなかったのは、教職には、どんな困難も一秒で乗り越えられる喜びがあるからです。その喜びとは、子どもの「わかった！」という一言を耳にしたときです。教員の仕事は、その名の通り、「教える」ことです。私たちの仕事の多くを占めている授業の中で、子どもたちから「わかった！」をもらったときの喜びは初任者のときから色あせることはありません。そして、二十数年間教職にいる私にとって、かけがえのない喜びです。時代とともに変化する情勢と子どもたちと保護者のニーズに合わせて「わかった！」を引き出す授業方法を日々研究し、実践していく技術を持ち合わせていることが、私たち教員の存在価値です。このように

考えると、日々変化する時代に生まれ、新しいことに柔軟な対応が自然と身についている若者たちにぴったりの職業だと感じます。

子どもたちは、一人ひとり個性を持っています。また、子どもは一日で成長し、変化します。毎日毎日が成長の連続であるその現場を目の当たりにできること、また、それに応じた教育を行いながら、さらなる成長を目指すお手伝いができることこそ、私が教員を辞められない理由となっています。さらに、私の教員魂をくすぐられる一言は「先生、ありがとう！」です。ある中学校で、喫煙は常習、耳と鼻にピアスがいくつも空いた生徒を担任しました。ある日、午後から登校したTさんに、私は「大丈夫？」と声をかけました。Tさんは、この声かけに、驚いたようでした。遅刻が常習のTさんですが、遅刻してくるのだから何か体調不良や困りごとがあるのだろうと他の子どもと同じように声をかけたのです。Tさんからは、明らかにお酒のにおいがしました。保護者に連絡すると、保護者の方もどうしていいのかわからないという状況でした。Tさんと時間をかけて何度も話をしました。その結果、いつも優秀なお兄さんと比べられ、両親に認めてもらえないことが、彼を苦しめていることがわかりました。Tさんの問題行動の原因がわかったからといって、それが収まることはなく、卒業式の日まで、大荒れの日が続きました。しかし、取り乱しているときでも、妊娠中である担任の私が止めに入ると怒りを収めてくれました。卒業式の日に私は、Tさんに「私は、あなたのことは、1ミリも心配しとらん。ちゃんと高校行って、働かんばよ」と、本心とは全く異なる言葉を伝えて見送りました。本当は、「高校生になったらちゃんと登校するかな、人様に迷惑をかけないかな」と、随分心配していました。しかし、そのとき、Tさんに必要なのは、彼を「信じること」だととっさに思ったのです。私からの最後の「おまじない」と、念を込めて贈った卒業式の言葉でした。私は、彼がどんなに暴れても、暴言をはいても、時折見せる優しさや人間らしさを持ってすれば、苦しみを彼自身で乗り越えることができるとずっと信じていました。

数年後、ガソリンスタンドでピアスの穴がたくさん空いたTさんと偶然出会いました。「あっ先生、俺、覚えとる?」と声をかけられました。「当たり前よ、忘れるはずないいたい。元気?」と言うと、「先生、俺、結婚して子どももできた。ちゃんと仕事もしよる」と言うのです。そして、「先生、卒業式で『心配しとらん』って言ってくれてありがとう」と、大きなバイクで大きな音を出して走り去っていきました。私は、今でもTさんの最初で最後の「ありがとう」に支えられています。こんな素敵な経験ができる職業は、多くはないと思います。

今の教職現場は劇的に変化を遂げています。育児休暇を男女問わず取得することができるようになりました。育児休暇を3年間とることも可能です。復帰後も、時短勤務を希望する先生も少なくありません。それらの制度を活用しやすい雰囲気も確立しつつあります。現役の大学生、高校生世代の若者が小中学校へ通っていた時期は、教員という仕事がまだまだ「ブラック」の時代だったのかもしれません。今、まさに、教員という道を選ぼうとしている若者の皆さんに、「学校は変化しています。子どもが好きなら、迷わず教員を目指して欲しい」と伝えたいです。大好きな子どもたちの成長を見届ける仕事をしながら、自分の生活を潤いのあるものにできる仕事だと感じます。私は子どもが大好きです。そして、何より子どもが成長する過程を見守り、支えることに生きがいを感じています。教員として子どもたちの成長を見届けることができるこの職業を退職するその日まで、極めたい、もっとスキルアップしたいと思っています。少しだけ大人になった息子も娘も、今は私が誇りをもって仕事をしていること、そして教員を極めるために学び続けていることを理解しているようです。

Ｙ・Ｓ（１９９８年度卒業）

教職はブラックかな？

山岸秀雄

38年間、ブラックと世間が言う教職に籍を置き、2021年に退職しました。退職当日の気持ちはとてもすがすがしく、やり切ったという満足感でいっぱいでした。

教職がブラックと呼ばれる大きな要因は、仕事量が多いからだと思います。私が現役の時も、勤務時間内に仕事が終わらないことが多くありました。これは、「仕事に区切りがついてから帰ろう」や、「管理職が学校の鍵をしめるときに帰ろう」という教員間で暗黙の了解である方針に従っていたからです。この方針は、間違っていると言われるかもしれません。しかし、時間を気にしないで仕事に没頭できるのが教職であるのも事実です。そして、没頭すればするほど楽しく、やりがいのある仕事に感じてきます。また、教職は子どもたちや保護者の方、また、同僚など多くの人と出会いがあり、多くの方々から沢山のことを学びました。その教職人生を振り返ってみようと思います。

子どもたち

子どもたちと給食を食べ、一日の多くを一緒に費やしていくと家族のように思えてきます。無邪気な姿をみると愛おしくもなります。昼休みや放課後の時間のとりとめもない会話も楽しく、教材研究の成果が出て、子どもたちが生き生きと学習するときには、とても満足感を覚えます。

自分の子どもの頃を振り返ってみると、先生に気にかけてもらっていた記憶は出てきません。しかし、教員になると、一人ひとりの子どもが気になります。学習が苦手な子には、活躍できる場面を与えたり、家庭が気になる子どもには何気なく話しかけて情報収集に努めます。給食時間や放課後の子どもたちとの会話には、いろいろな意図を持たせることもあります。もちろん、子どもたちに気付かれてはいけません。従って、子どもたちが先生に気にかけてもらっていると思うはずはありません。それが教職に就いて初めて分かります。

サッカーや野球の監督がやりがいを語る時があります。単純に比べることはできませんが、学級というチームを率いて目標に向かって努力するときの教員もやりがいを感じます。時折、見事なチームプレイがあれば、「やったー」と思いますし、暴走プレイに頭を抱える時もあります。クラスという個性的な子どものチームを率いるのはドラマであり、難しく楽しいものです。

保護者の方々

保護者の方々との出会いによって、多くのことを学ばせていただきました。特に印象に残っているのは、離島の保護者の方々です。離島には、いろいろな施設や遊技場等が少ないため、家族で一緒に過ごすことが多くなります。このためか、離島の保護者の方は子どもたちの成長を特に気にされているように思います。私がいた離島の小学校では、授業参観等に保護者の方の参加が非常に多かったのを覚えています。また、子どもの成長が顕著に表れる運動会は、一大イベントでした。保護者の方は、子どもたちを「○○さんの息子（娘）」と良く知っていますので、自分の子どもだけでなく、他の保護者の方の子どもも応援します。そして、保護者の方も競技に参加し、その勝ち負けに大盛り上がりとなります。また、運動会が終われば、大人も子どもたちも一緒に打ち上げを行っておられました。その場では、一人ひとりの子どもに運動会の感想をしゃべらせ、その言葉に成長を感じられていたのでしょう。しゃべり終わると、激励の拍手がやみませんでした。このように、温かい雰囲気の打ち上げが毎年行われます。運動会以外の子どものイベントの際にも、打ち上げが開かれ、お酒を酌み交わされていました。

また、都会の学校とは異なり、多くの男性の方が、ＰＴＡの役員さんを務めておられました。建築業や海運業の方が、いかにも寸前まで作業現場におられたというように、油のついた作業服で良く学校に顔を出されました。皆さんは人柄も温厚で誠実でもあり、学校や教員を大切にしてくださいました。他の保護者の方も、とてもフランクで接しやすい方ばかりでした。また、離島では人口が少ないため、協力して地域の環境、文化等を守っておられました。例えば、皆で草刈りや清掃を行うことや神社の清掃をして御幣を飾ること等、お祭りは地区挙げての大きなイベントでした。教員も一緒に参加していろんなことを教えていただきました。このように、離島では、保護者や地域住民の方から、「様々な労働の価値」、「子どもを守り、家庭を大切にすること」、「フランクで気取らず生活すること」、そして、「地域の協力が前提となった生活」など、多くのことを学ばせていただきました。

同僚の先生方

新任校で、雨がしとしと降っている梅雨のある日、子どもたちがプールで泳ぎたいと強く要求してきました。子どもたちの要求に負けて、小雨の中、水泳指導を行うことになりました。一緒にプールに入り、水泳の指導をしているとき、ふと気が付くと校舎から校長先生がじっと見ていました。途中で寒くなり、プールから上がる子どもが出てきたので、水泳指導を途中で切り上げたように思いますが、後で校長先生から「小雨の中のプール指導を注意しようと思ったが、一緒にプールの中に入っていたので、注意しなかった」と指導を受けました。子どもの要求に対しては、適切な判断で応えなければならなかったことを、子どもの前ではなく、個別に呼び、頭ごなしに叱るのではなく、自分の気持ちを交えて諭して下さった校長先生に感謝しました。その他にも若い頃は判断が甘く、管理職の先生方からよく叱られました。

一つ強く記憶に残っていることがあります。ある体育の研究校では、朝から、半袖体操服、はだしで走ることを子どもたちに勧めていました。冬でもそれは行われます。霜が降りる時には、はだしはとても辛く感じます。先生方も一緒に朝から走るのですが、靴をはいている人もいましたし、寒くなるとトレーナーを着る人もいました。新任時から勤めているN先生は、毎日短パン、はだしで黙々と走っておられました。冬のとても寒い朝、N先生はいつものように、はだし、短パン、Tシャツで走っておられましたが、終わるとN先生は鼻水をたらされていました。「N先生は微熱があった」という話を後で伺いましたが、自分が子どもたちに指導するなら、自分がやって見せねばならないというN先生の姿勢に感動しました。

涙

教員になれば楽しいことばかりでありません。涙が止まらなかったことが2度あります。それは、長期療養の子ども達のために設けられた病院の中の院内学級の担当になったときです。院内学級の高学年の理科を教えに行くことになり、初めて院内学級に入ったとき、子どもたちの光景を見て驚きました。小さな教室の机の前に子どもたちが4~5人いましたが、ほとんどの子どもたちは、坊主頭でした。薬の影響で髪の毛が抜けるとのことですが、子どもたちの置かれている状況の厳しさを物語っていました。

4月のある日、1年生のA君が院内学級に転入してきました。私は高学年担当でしたので、彼とはほとんど面識がありませんでした。数カ月たち、A君が亡くなりました。告別式に参加し、会場に入ろうとしたところ、入口にランドセルがぽつんと置かれていました。そのランドセルを見た時に、「この子はランドセルを来年も再来年も担おうと思っていたんだろうに」と思うと、涙が止りませんでした。あまりにもつらく、悲しい出来事でした。

それから、数年たち、院内学級に高学年のB君が転入してきました。遠くから転入してきて、親ともたまにしか会えないという寂しい状況でした。しかし、B君はとても優しく、自分より後から転入してきた子どもたちの世話をよくしてくれました。学習でも教えたことをよく理解し、手のかからないよい子でした。ある日、院内学級の担任の先生から、「B君は両足を切断することになった」との知らせを受け取り、とてもショックを受けました。しばらくして、手術を終えたB君が車いすで院内学級にやってきたのを見たときは、衝撃を受けました。B君には動揺を隠して接しました。心の中はいろいろな葛藤があったでしょうが、B君はこれまでと何ら変わらず、優しくまじめな態度で生活していました。それからしばらくして私は、別の学校に転勤し、院内学級から離れることになりました。ある日、転校先でB君の訃報を聞いた時、「神様はB君にいくつの試練を与えるのか」と恨めしく思い、受話器を持ったまま涙が止まりませんでした。

いろいろな出来事を通じて命の大切さ学ぶとともに、子どもたちには幸せになってほしいと強く感じるようになりました。時には、子どもたちを叱る時もあり、頭に来る時もあります。しかし、幸せになって欲しいという気持ちが根底にあります。しばらくして、命の大切さを子どもたちに伝えたいと思い、院内学級のことを話そうとしましたが、涙が出そうでうまく話すことができず、やめました。いつか、話せる日が来るのでしょうか。

教職

教職の走馬灯を文字にすれば、「のほほんと生きてきた学生が、採用試験を経て教員となり、子どもたちの前に立って教科や道徳に加えて集団のルールなどを教える。教えながら自分を振り返り、人として少しずつ成長をする。多くの人と出会い、たくさんのことを学んで今がある」となるのでしょうか。この走馬灯に表れないたくさんの思い出もあります。その思い出には感動が付きまとうもの、涙なしでは語れないものもあります。この豊かな人生を映し出す走馬灯を作ることができる教職はとても魅力的な仕事です。

学校、先生から学んだことは、何も役に立っていないという人もおられるかもしれません。しかし、学校での学びや生活は目立たないごく小さな出来事かもしれませんが、その積み重ねが、今の私を支えてくれてます。教職は「人を作る仕事」として、とても価値のある仕事だと思います。ブラックと一言で括られ、敬遠されるのには不満を感じます。たくさんの素晴らしい人材が教職の門をくぐり、子どもたちを幸せにする仕事に汗を流してくれるのを願っています。

山岸　秀雄（１９８２年度卒業）

これから教員を目指す皆さんへ

鬼塚礼美

二十数年教員をやってきて振り返ってみると、悩み苦しみ、後悔していることが多くあります。「自分は教員に向いていない」と何度も思ったこともあります。それでもここまで続けることができたのは、悩みや苦しさの中にもそれ以上の光を見つけることができたからです。私にとって、その光は二つあります。

一つ目は、子どもたちの成長を目の当たりにし、一緒にそれを喜ぶ経験ができたことです。読み書き計算はもちろん、体育の鉄棒や縄跳び、音楽の鍵盤ハーモニカやリコーダーなどできるようになった時の子どもたちの喜ぶ顔や様子を目にすると、これまでうまくいかなかったことも吹き飛んでしまいます。学習面だけでなく、友達とのつきあい方が上手になったり、話を落ち着いて聞くことができたり、みんなの前で自分の考えを堂々と発表することができたりなど、子どもたち一人ひとりの心の成長にも気付くことができます。

10年経過研修の中で、特別養護老人ホームで、5日間学ぶ機会がありましたが、学校現場しか知らない私にとって、この職場での体験は衝撃でした。介助が必要な方々に笑顔で接しているのはもちろん、寝たきりで意思が通じない方へも声を掛けながら、いつも明るい雰囲気で働く職員さんを見たからです。子どもは成長するにつれてできることが増えていきますが、ここでは全くその逆だということを実感しました。それでも続けていくモチベーションを職員さんへ尋ねたところ、「入所者さんやその家族さんから感謝されることかな」と答えてくれました。少しずつ衰えていく姿を見るのはきっとつらいだろうと思いますが、それでもいつも笑顔で働く姿に、私は自分の甘さを痛感するとともに、成長していく子どもたちのそばにいられる幸せを感じることができました。

学校はいつも前向きな子どもたちばかりいるわけではありません。しかし、「できるようになりたい」という願いをみんなもっています。教員はその願いに寄り添い、支援することのできる最も身近な存在なのです。だからこそ、覚悟をもって寄り添う必要があることを改めて感じました。

二つ目の光は、子どもたちや保護者の方、そして、様々な先生方との出会いがあることです。学校が変わる度に同僚の先生に恵まれ、たくさんの先輩方から生徒指導、学習指導、普段の声かけや板書の仕方などを教えていただいたり、励ましていただいたりしました。悩みや心配ごとなど、親身に話を聞いてくれる素晴らしい先生方との出会いがなければ、ここまで続けることはできなかったと思います。また、どの学校でも「ああなりたい」と憧れる先生との出会いがあったからこそ、自分を奮い立たせ頑張る原動力につながっていたと思います。

どんな職場に勤めても、多くの壁に向き合うことは必ずあります。その壁に立ち向かうのは自分自身しかいませんが、学校はチームで支え合っていく体制が整っています。また、頼りになる先輩や管理職の先生方がついています。機械や物と向き合うのではなく、生身の子どもたちと向き合うからこその感動や経験もたくさんあります。ぜひ、子どもたちの明るい未来のために、一緒に働きませんか。心からその日をお待ちしています。

鬼塚　礼美（１９９６年度卒業）

教員という職業に向き合う

今里慧太

小学6年生の時に、家族や友人、担任の先生などに「将来は学校の先生になる」と公言し、約10年後にその夢を叶えることができました。12歳の私は、「教職がブラック」だなんて思っているはずもなく、さらに言えば当時、「ブラック」という言葉すら、流布されていませんでした。しかし、昨年度の6年生の担任時、職業調べの学習中に、「教員って、本当にブラックなん?」と何気なく聞かれたことがあります。明確に覚えていませんが、なんとなくはぐらかして答えたような気がします。そして今回、またこのテーマと巡り合うこととなりました。これはよい機会であると考え、教員として、「教職が本当にブラックなのか」という喫緊の課題に正面から向き合ってお話したいと思います。縁あって、この稚拙な文章に目を通してくれる学生の皆さんにとっても、有意義なものになるよう、きれいごとだけではない、教職の「リアル」をお伝えしていこうと思います。

まずは教員としての1日の流れから説明しましょう。正規の勤務時間前に学校に行き、登校してくる子どもたちを出迎える準備をします。登校後は、子どもたちと他愛もない話をしながら、宿題の丸つけや健康状態のチェックなど、朝の仕事に取り掛かります。その後、5～6時間の授業があり、休み時間には丸つけや子どもたちと言葉を交わし、委員会活動の指導などを行います。この他にも、給食や掃除の指導など、仕事内容は多岐にわたります。子どもたちの下校後は、教員間での学年会をしたり、校務分掌の仕事をしたり、次の日の授業準備をしたりします。職員会議や校内研修なども入ってきます。時々、急な保護者対応に追われることもあります。定時退勤はほぼありません。仕事の目途がつくまで学校にいたり、家に仕事を持ち帰ったりする日も少なくありません。もちろん、これらに対する残業手当は出ません（これは、ニュースでもよく耳にする給特法の問題です）。日によって多少の違いはありますが、このような毎日が続いています。

次に、子どもたちとの関係についてお話ししたいと思います。幸せなことに、毎年、いろいろな子どもたちと、楽しい日々を過ごしてきました。しかし、私が思いをうまく伝えられなかったために、私との関わりを拒んでしまった子ども、明らかに不満気な態度を示す子どもなど、課題のある子への指導に苦慮することが多くあり、悩みは尽きません。加えて、子どもたちの「前のクラスの方が…」「女の先生の方が…」という声を耳にしたこともあります。このように、いろいろな感性を持つ多感な時期の子どもたちと日々向き合っていかなければならないのが教員なのです。

保護者の方々との関係についても触れておきましょう。今までは保護者とも良好な関係を保ち、共に子どもたちの成長を見守ってこられたと思っています。しかし、学級懇談会の際に、多くの保護者の前で糾弾されたこともあります。また、辛辣な言葉で長時間叱責（ここでは書けない言葉で）されたこともあります。もちろん、私の指導不足によるものもありますが、思い当たることもないまま責められたことも多く記憶に残っています。その際は、落ち込んでしまいます。それでも、「子どもたちのために」と気を取り直し、多様な価値観をもつ保護者の方々と日々関わっていかなければならないのが教員なのです。

このように書くと、「教職はブラック」であるということの裏付けをしているように思われるかもしれませんが、決してそうではありません。私自身は、「本気で教員を辞めたい」と思ったことは一度もありません。「ブラックだ」と呼ばれる以上に、教員には「魅力」が詰まっています。また、こんなに「やりがい」のある職業はないと胸を張って言うことができます。さらに、この職業ほど、「人」を感じる、そして、「生」を感じるものはないと断言できます。

事実、子どもたちの偽りのない笑顔に毎日の元気をもらっています。勉強や運動が「できた」ときの子どもたちの笑顔は、本当に輝いています。そして、彼、彼女らの「ありがとう」という言葉に背中を押されている毎日でもあります。「私が何かを教えたとき」「友だちに優しくしてもらったとき」など、様々な場面で、「ありがとう」という素敵な言葉が教室中にあふれていることほど幸せなことはありません。「大好き」という真っすぐな言葉に、胸を熱くさせられることもあります。これらは、大人になるとなかなかストレートに言えない言葉かもしれませんが、子どもたちから発せられると、心を動かす本当にすごい力を持っています。

このような子どもたちの一瞬一瞬の成長を後押しするために、私は毎日働いてきたと思っています。決して、やらされているものではありません。

保護者の方々とも真正面から向き合うことで、喜びや苦しみを一緒に分かち合い、成長を共に喜ぶことができてきたと思います。うまく関係を築けていなかった保護者とも、電話連絡や家庭訪問などを続けることで、少しずつ自分の気持ちを伝えるようにしています。その結果、1年の終わりに頂く、「1年間ありがとう」や、「来年も担任してください」などの言葉は、本当に嬉しいものであり、次に向かう活力になります。

さらに、職場の同僚にも大変恵まれてきたことも大きいと思います。教材研究では切磋琢磨し、有事の際には、共に悩み、支えてくれます。職場を離れると、楽しく酒を酌み交わすこともできます。他の職場の経験はありませんが、こんなに同僚とのつながりの深い職種は多くはないと思います。

「人は人を浴びて人となる」は、前著「子どもたちとともに」で大切にしたい言葉として紹介したものですが、この12年でその思いはさらに強くなりました。今年の成人式のことです。教職について初めて送り出した卒業学年の子どもたちと再会しました。その時、「今里先生に憧れて、教員を目指している」「忘れられない1年だったから、先生になってそんなクラスを目指したい」などと、教員になるために頑張っている子が何人もいることを知りました。さらに、教員以外の道に進もうとしている子どもたちが、私に対して「人とのつながりの大切さをずっと言っていた」や、「いつも、本気で向き合って、応援してくれてありがとう」と声をかけてくれました。

これらの言葉を聞いた瞬間、「ああ。ちゃんと伝わってたんだな」と思うと同時に、「どんな形でも、一人の人に対して、ここまで深く関われる職業は他にはない」と考え、「人とのつながりをここまで強く感じられる職業は他にはない」と誇りに思いました。

人は一人では生きていけません。また、人は、周りにいるたくさんの人との関わりの中で、成長し、創られていくものと思います。微力ながらも、私もそういう関係を築けたことに誇りを持つことができました。同時に、「私も出会った子どもたちのおかげで、ここまでこられたのだ」と思いました。そして、私が関わった子どもたちが、将来、それぞれのステージで輝き、また他の人にとって大切な存在になってくれることを心から願っていました。

お話したように、教職はこんなにたくさんの魅力が詰まった職業です。だからこそ伝えたい。「教職をブラックとよばないで」と。

近いうちに、皆さんと同じ職場で働けることを心より願っています。

今里　慧太（２０１１年度卒業）

離島教育の魅力

日高好治

２０２４年度のＫ県における教職員の採用試験の状況は、採用予定数の５９０人程度に対し１２９４人が受験しました。倍率は2・2倍となり、過去10年間で最低となりました。特に、小学校の倍率は、1・3倍であり、２０１６年以前が10倍前後であったことを考えると昔日の感があります。

たしかに教職は大変な部分もあります。しかし、子ども達に寄り添って成長を見守るとともに自分自身も成長することができる他に類を見ない素敵な職業であると思います。私が初めて教壇に立ち、悩みながらも感動の日々を送った頃を思い出しながら、昨今の教職に対する負のイメージを払拭する一助になればと思い、筆を執ることにしました。

Ｋ県は離島が多く、全ての教職員は離島の学校での勤務を避けることはできません。私もｋ島とｓ島という2つの島で、合計8年間勤務をいたしました。島では学校と家庭及び地域との距離感が近く、子ども達は地域の大人社会の中で温かく見守られ、育てられていました。正に、「子どもは家庭で育ち、学校で学び、地域で伸びる」状況でした。

ｋ島（30代前半）

赴任校は、全校児童14人の小規模完全複式の学校でした。ここでは、豊かな自然の中で地域に根ざした教育が展開されていました。私は、５・６年生の担任をしながら卓球スポーツ少年団の顧問、地域子供会の担当を兼任し、朝から夕方まで子ども達と一緒の時間を過ごしました。人口３００人程度の小さな村の学校でしたが、立派な石垣の上にありました。

12月に行う学習発表会で、この石垣にまつわる話を劇にして発表することになりました。昔の集落の人たちが子ども達の為に長い時間をかけて、海岸から丘まで少しずつ石を運び、苦労して完成させた石垣の話です。劇を完成させるにあたっては、地域のお年寄りの方に話をして頂いたり、方言指導を引き受けていただきました。本番当日、子どもたちが一生懸命に演じ終わり、幕が下りると大きな拍手が沸き起こりました。この音を聞き、子ども達と手を取り合って喜びに浸ったことは今でも忘れません。

ｓ島（50代前半）

校長となり初めて赴任したのがｓ島です。島には中学校1校、小学校2校、幼稚園1園があり、当時はそれらを一カ所に集めて幼稚園を併設する小中一貫校を開校する話が進められていましたここでは、小中一貫校時代の幕開けの体制づくりに汗を流しました。保護者方や島民皆さんの期待を裏切らないように、教職員と一緒になって教育の質の向上に向けての知恵をふり絞りました。

まず、島内の子供たちの心を一つにするために取り組んだのが、和太鼓演奏でした。それは、リズムを合わせて演奏することが心を一つにすることに役立つと考えたからです。開校と同時に練習に取り掛かり、その年の運動会で「s島太鼓」として発表することができました。勇壮な和太鼓の響きに観客の歓声が沸き上がった時、子ども達や教職員と喜び合いました。その後、子ども達の姿に触発された島民の方々が週1回の練習に励み、和太鼓集団「s太鼓」を結成し、地域の祭りで披露するようになったのは望外の喜びでした。

島に赴任した教員がよく口にする言葉に「島は行くときも涙、帰るときも涙」というのがあります。これは、島に旅立つ時は、島暮らしに不安を抱いての涙であり、島から旅立つ時は、島での生活が愛おしく別れ難い涙となることを意味しています。

合理的で便利な生活に慣れてしまった現代では、島での暮らしは不便に思えるかもしれません。しかし、保護者の方や地域の方お一人お一人の顔をしっかりと捉えることができ、お互いに手を取り合うことによって得られる教育の成果を実感できるのが島の魅力だと思います。

教職の大変さをマスコミは指摘しています。しかし、それ以上のもの、教職だからこそ味わえる喜びがあることを、教職を志す若い人に伝えたいと思います。

日高　好治（１９８１年度卒業）

これから教員を目指す皆さんへ
―企業とは異なる教育の魅力―

村　義則

「おはようございます。ゴミ拾い、大変お疲れ様です」と、ある日の午前中、私は自宅の近くにある観光地のホテル付近で、趣味のマラソンをしながらそこで働くスタッフさんに声掛けをしました。すると、返ってきた言葉が、「ありがとうございます。ゴミが散らかっていて、とても申し訳ありません」。この返事を聞いて私はとても感激して、その日一日は幸せ感がアップしました。

何と素晴らしい人間だろう。他人が捨てたゴミなのに、文句一つ言わずひたすらホテルの周囲のゴミ拾いを続けておられる。自分が働く職場にゴミがあることを私に見られて、恥ずかしいという気持ちがあったからこそ、「申し訳ない」という言葉が出たのだと思います。決められた仕事だからという考えだけでは、この一言は絶対に出てこないと思います。通常であれば、「おはようございます」の一言で済ませるはずです。この応対に、社員教育、家庭教育が行き届いているなあと感ぜざるを得ませんでした。同時に、学校を卒業して十数年経過した人に、少しは学校教育の効果が出ているのだという、私の勝手な推測もありましたが…。

　また、私が現役教員の頃、子どもたちにこのような心の教育ができていたであろうかと反省しました。その上で、その頃の私の拙い教育実践を振り返りつつ、これから教員を目指そうとされている方々に少しでも学校や教員の仕事のやり甲斐の一端を伝えていけたらと思い、筆をとっています。

　まず前置きとして、私が教員を目指した経緯をお話しします。私はｎ市の実業高校を卒業した後、自分が将来何をしたいかをほとんど考えないまま、東京のある企業に就職しました。そこでは、「企業は人なり」と言われるように、社内教育を受け、社会人としての常識を身につけながらも、主に利潤追求のために働いていたかと思います。

　しかし、ある時、「主体的に決めていない職業を続けて、人生に悔いは残らないのか」という思いを持ち始めました。自分が本当にやりたいことは何かを考えた結果、モノづくりより人づくりが自分に合っていることに気づき、教員を目指すことにしました。ところが、大学を卒業しておらず教員免許も取得していなかったので、大学入試と教員採用試験という２つの壁にチャレンジして、ようやく新米教員になれたのが、同級生よりも5年遅れでした。

　１９８７年、初めて教壇に立った時、子どもたちのキラキラした目の輝きは今でも忘れません。当時は45人学級で、教室が子どもたちで一杯でした。特に高学年を担任したときは、作業スペースがなくて、図工や特別活動の時間は、廊下のスペースも使っていました。子どもたち一人ひとりをまともに見取ることができなかったと反省していますが、足りないところは、学級経営を基盤に据え、級友同士で協力させたり、教え合わせたり、自分の仕事に責任を持たせたりすることで、何とか乗り切っていけたように思います。子どもたちが、みんなでやり遂げた時は心から褒めてやり、途中で投げ出したときは、叱ったり、背中を押したりの毎日でした。

そうしているうちに、子どもたちはいつの間にか心も体も成長し、教員の思いや考えまでも、私の目やしぐさで分かるようになりました。逆に、教員は子どもの成長を見守り、成長の足跡が目に見えて実感できるのです。そこが、教員冥利に尽きるのではないでしょうか。

私の友人は企業勤めが多く、職種によっては自分の仕事が役に立っている実感が湧いてこないと不平を漏らすこともよくありました。しかし、教員は、こちらからの働きかけによって子どもたちの状況や成長の変化を把握できるだけでなく、「未来を担う人材を育成できる」という崇高な気持ちで仕事を遂行することができます。これが、教員の最大の特色です。

もちろん、実際の教育現場では、良いことばかりではありません。学校の定時の時間だけで仕事が完結することはまずありません。所謂、サービス残業や家庭への持ち帰りの仕事も数多くありました。さらに、学校の仕事は休日においても続くことがあり、家庭でゆっくり過ごす時間もない事も多かったように思います。私の場合は、少年サッカーの監督もしていたので、身体的にも精神的にもきついと思うことは数えきれないくらい経験しました。加えて、協力的な保護者が多い中、一部の保護者への対応は非常に難しく、この時の気持ちは、退職した現在でも思い出すことがあります。

私が思うに、仕事量の多さは、教職のみでなく、企業においても重なる部分があるのではないでしょうか。企業の場合は、残業手当や休日出勤手当がつきますので、給与の面では問題ありませんが、その分、期限までにきちんとノルマを果たさなければならないという、学校とは異なる厳しさがあります。最近（昔からかもしれませんが）では、毎月の給料に少し上乗せする代わりに、ボーナスも退職金もなしという企業さえ出てきています。

このことを考えれば、どの職業にも一長一短があり、また「ブラックと言われる業務」についても、学校であれ企業であれ、昔から存在しているのではないかと思います。昨今は「働き方改革」が少しずつ浸透してきていますが、全ての職業について、ブラックが生じないように、国や行政による早急な対策と実行が必要だと考えます。

最後になりますが、私が教員を継続することができたのは、先輩教員の教えや保護者や地域の皆様方のご協力のお陰は勿論ですが、やはり最大の要素は、子どもたちの明るい笑顔や成長した瞬間の真剣な表情を見た時の安堵感、充実感、満足感を得ることができたからです。さらに数年経って立派な大人に成長した姿を見た時には、本当に「教員をやっていてよかった」と自分なりにやり甲斐を感じることが多々あります。

教育活動は、今も昔も流行の最先端をいく仕事では決してありません。実に地味で忍耐の必要な仕事であり、とりわけ子どもに対する愛情がなければならない仕事です。教育愛をバックグラウンドに持つならば、多くの課題や苦難にもきっと立ち向かうことができるものと信じています。

これから教員を目指す人は、「未来に生きる人間を育む魅力ある仕事に携わることができる職業」だということに、大きな自信をもって挑戦してください。今後の教育環境を取り巻く状況はますます悪くなるかも知れませんが、マイナス面ばかりにとらわれると先へ進むことができません。常にポジティブシンキングの気持ちを忘れずに、10年後、20年後の教育の効果を信じつつ、教職への情熱と勇気を持って邁進していただければ幸いです。教員の先輩として、常に遠くからでもエールを送り続けたいと思っております。

村　義則（1976年度卒業）

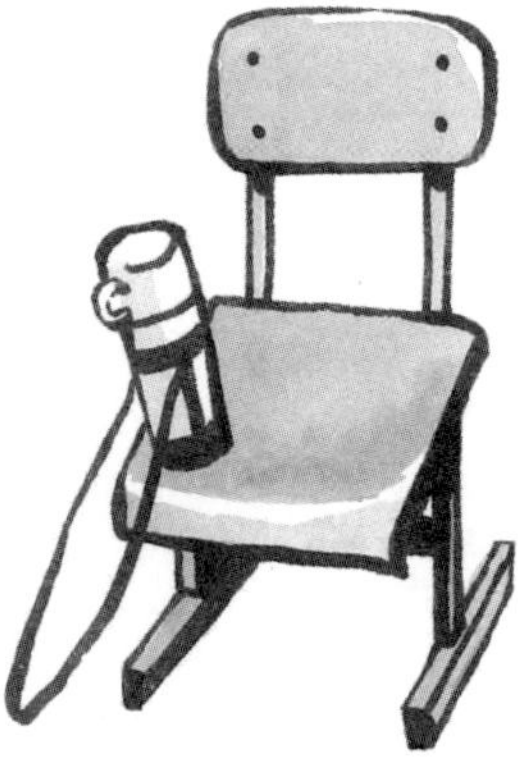

教職を目指す皆さんへ

高以来　泰

これから、職に就いて、自分らしく、幸せに生きていきたいと願っている皆さんへお伝えいたします。

「教員の常識は世間の非常識」「閉ざされた学校」「残業手当の無いブラックな職場」など、私が在職中に世間との比較によって揶揄された言葉が、教職員には常について回っていました。教職が変化の激しい世の中で〝変わらない〟ことが違和感となっていたのかもしれません。しかし、教職は、変わってはいけない大きな特色を抱えた職場であり、変わらない「良さ」が綿々と引き継がれてきた職場でもあります。

「良さ」を生み出している、他職種との最も大きな違いは、伸びようとする子どもたちとの関わりを常としているということです。小学校は特別な場合を除いて、ほぼ全ての国民が6年間を過ごす場所です。極端に言えば、犯罪に手を染める人から総理大臣までが在籍します。

しかし、小学校時代において、表現の仕方がうまくなくても、全ての子どもたちが根底に「良くなろう」「できるようになろう」という思いを持っており、保護者の方においても少なくとも「自分の子どもだけには幸せになってほしい」という願いをもっています。つまり、職場の空気が常にプラスの思考に支えられています。ブラックな職業といわれ、休暇取得や業務の削減を推奨されながらも、教員が必要以上に子どもや保護者の方に時間を割くのは、目の前にいるこういった子どもや保護者の方の思いに応え、「喜ばせたい」「安心させたい」といった思いが湧き出すからだと感じています。

私自身も、ある「恩師」からいただいた喜びを、今も大切な宝としています。私は2月生まれということで1年生の頃は、何でも他の子どもたちより劣り、親にとっては困った子、先生にとっては困っている子でした。図工の時間に糸巻きの芯を使った工作があり、糸巻きと箱と色紙を握ったまま何もできずに座っていました。そのときの冷たい空気のにおいのようなものが、今でも記憶にあります。そのときに、担任だった先生、当時50歳ぐらいになっておられたと思いますが、「糸巻きをどういうふうに使いたいの」「どんな形をつくりたいの」とずっと聞いてくださいました。そして、「良いアイデアね」とほめてくれました。案の定その時間は何もできずに終わりました。次の日、教室に入ろうとしたら、クラスの友達が私に、これまで見せたことのないような親しみのある、尊重した気持ちのあるまなざしを向けてきました。そのときの温かな空気に包まれた感覚が、明確に記憶に残っています。恐る恐る入ってみると、当時の大きな白黒テレビの上に、自分が昨日説明したおもちゃが飾ってあり、私の名札がついていました。友人たちからの「高以来君の！」「すごかねー」という賞賛の言葉をたくさんもらい、その場所が輝いて見えたことを覚えています。

　今でも、家の中に洗濯物干しを工夫してつけたり、鍋を効率的に収納する道具をつくったりなど、アイデアを考えるのが好きで、アイデアを出すことに「根拠の無い自信」を持っています。その時の私はとても幸せであったのですが、同時に、その先生も私の姿を見て幸せを感じてくれていたのではないかと、今なら想像することができます。これまでの人生の結論として、「教職が常に喜びにあふれた職業」であると確信しています。

　教職の〝変わらない〟側面について述べてきましたが、教職は、本人の思いにより職場の中で立ち位置を自由に〝変える〟ことができる職でもあります。前述のように、全てのタイプの子どもたちが在籍する学校ですから、必要とされる対応は多様で、必要とされる教員の特性も多様でなくてはなりません。自分は教員に向いていないと思っている人にも、その人を必要としている子どもたちがおり、職場の中では必ず「欠くことのできない教員」になっていきます。また、小学校は1年から6年までの違った成長過程の子どもたちが在籍しており、担当する教員に必要とされる特性が学年によって大きく違っています。自分の特性に合わせて、自分の得意な学年を模索することもできます。また、校務分掌と呼ばれる担当業務もＩＣＴから動植物の世話まで多様であり、職場における居場所の選択肢がとても多様な職業といえます。

　私自身、上手に子どもの心に寄り添ったり、温かく包み込んでやったりすることが他の先生方に比べてうまくできないと自覚したことから、行事の立案や運営、文書の処理といった業務に居場所を見つけ、管理職の道に進みました。いわゆる良い教員ではなかったのかもしれませんが、時間をかけて、自分の価値を生かせる場所を見つけることができたことに感謝しています。教職は職を変わることなく自分に合った、自分が活躍できる生涯の居場所を見つけることのできる職業であるとも思います。

これから職に就こうとするみなさん。教職を選択することは後悔の少ない人生を選択することに他なりません。ぜひ、教職の道へお進みください。

高以来　泰（１９８７年度卒業）

教員を目指す皆さんへ

鬼塚晃嗣

教職に就いたことがない私に、お鉢が回ってくるとは思いませんでしたが、大学卒業後、学校事務として採用されて以来、かれこれ23年間県教育委員会にいる身として、行政のことなら多少なりお話ができるところもあるかもしれないと思い、意を決して筆をとりました。

まずは、N県教育委員会が教員不足の現状をどのように捉え、教員の働き方改革のため、現在どんなことに取り組んでいるかを知りうる範囲でご紹介したいと思います。ご承知のとおり、教員の採用倍率は、小学校では2013年は10・6倍、これが2023年になると1・3倍になりました。中学校では教科により差はありますが、14・3倍が2・0倍となっています。数字で改めて説明するまでもなく、教員採用試験の受験者の激減の改善は、N県の教育行政にとって最重要課題の一つと認識されています。なり手不足の背景には、教員の長時間労働、それによるブラックなイメージの拡大、教職へ就くことへの不安など、複数の要素が絡みあった結果、悪循環が生まれていると思います。

この状況を捉え、県教委は今年度から、「子供と教師の笑顔あふれる学校づくり」を目指し、「学校の働きがい改革2023」と銘打った取り組みを開始しました。これは、教員の長時間労働といった世間の教職に対するマイナスイメージが強い中、学校の魅力の発信や人材確保等に一体的に取組んでいこうというものです。具体的にいえば、年次休暇の取得促進など、先生方が心身の休養をしっかりと取れるようにする「夏休み充電宣言」、有識者の方から、様々な提言や支援をいただく「教職の魅力化作戦会議」、YouTubeやテレビ番組内での取材企画等により教員の学校生活を発信する「学校の魅力発信」、大学等からの推薦特別採用選考制度の拡大など「教員採用改革」といった柱建てとなっています（学校の魅力発信については、インスタグラムも活用しています）。詳細については紙面の都合上割愛しますが、教員を志す大学生の皆さんが教員になるまでに、これらの取り組みの成果が出ているものと思っています。

さて、さも自分がやっているかのようにご紹介しましたが、私は今、児童生徒支援課というところに在籍しており、教員の働き方改革や人材確保とは、少し離れた部署にいます。所属する課は、いじめや不登校のほか、児童・生徒の事件や事故などを所管する課になります。学校や市教委等から毎日のように様々な報告がある中で、教員の皆さんの大変さを痛感することも多くあります。

例えば、いじめの問題です。いじめはあってはならないものですが、現実には、いじめを完全になくすことは難しく、未然防止の取り組みと併せて、教員が子どもたちの日々の様子を丁寧に観察しながら、早期に発見し、組織的な対応に繋げていくことが重要となります。SNSを介したいじめについても年々深刻さを増しています。そして、これらの事案一つひとつに対し、学校や先生方は、いじめ対策推進法に基づき、様々な対応を行っておられます。もちろん、このようなルールは、子どもたちを守るために絶対に無くてはならないものです。ただ、その一方で、対応にあたる教職員の方々の精神的、身体的な負担が相当なものであることは容易に想像できます。

近年、不登校の増加についても大きく報道されています。その背後には、日々、不登校の子どもやその保護者の方に寄り添い、きめ細かな対応をされている先生方がかならずおられます。そして、これらの様々な問題に向き合い、悩みながらも責任を果たしていこうとされる姿を見るにつけ、「行政は、現場の先生方の頑張りにしっかりと応えることができているだろうか」と思ってしまいます。

結局、この文章もこれから教員を目指す皆さんにというよりも、あるべき自分の姿を思い浮かべるものになってしまいました。それが、声がかかった理由かもしれません。

最後に一つだけ言わせてください。「教員を目指す皆さん、教員になったら、ぜひ一度、県教育委員会での勤務を希望してください。「ムショだ」なんだといわれていますが、得難い経験を積むことができることは保証します。これからのN県の教育を牽引していくのはあなたたちです！」

鬼塚　晃嗣（１９９５年度卒業）

素晴らしい「出会い」

大塚博俊

私は、１９８８年3月、大学を卒業し、4月から故郷のK県で教職人生をスタートしました。初めて担任したのは、当時のh市立の小学校3年2組、37人の子どもたちでした。あれから教諭として30年、教頭として5年、ずっとa地域の小学校に勤務しました。

２０２3年4月からは新任校長として、o町立の小学校に勤めています。初めての管外勤務となり、最初は校長としての責任、初めての土地での勤務、不安ばかりが募りました。しかし、そのうちに、これまでの「aの当たり前」を捨て、「oの当たり前」を早く身に付け、aで勤務していたら絶対に知り合うことがなかった子どもたち、先生、保護者及び地域の方々との新しい出会いを楽しもうと思うようになりました。実際に勤務してみると、o町内の校長先生方は気さくな方ばかりで、気軽に話しかけていただきました。また、全校児童48人の小規模校ですが、素直な子どもたち、教育に情熱を注ぐ先生方、協力的な保護者や地域の方々に囲まれ、楽しく勤めることが出来ています。毎朝、子どもの登校見守りをしながら一緒に歩いてこられる地域協働活動推進員の方々と、挨拶運動をしながら話をするのが日課となりました。また、学校近くの神社で行われた子ども相撲、地区で開催された竹灯り、地域の特産であるサツマイモの植え付けや収穫等、地域の行事も多く行なわれています。各行事に参加し、いろいろと交流して知り合いになっていくのは、今の私にとっては楽しみのひとつとなりました。地域の方としっかり繋がっていれば、いざという時に学校の応援団となってくださいます。助けたり助けられたり、そんな関係を築く事が出来るのも学校に勤めていればこそだと思います。

さて、教員になって良かったと思うのは、担任をした子どもたちとの関わりです。担任した全てのクラスが思い出に残っていますが、特に関わりを強く感じた二つの出来事を紹介します。まず、30代前半に勤務した学校で、5・6年の2年間担任したクラスでの出来事です。そのクラスは女子が多く、全体的には仲良しなのですが、時々その場にいない子の悪口を言ったり、仲間外しにしたりと、人間関係がとても複雑でした。話を聞くと、保育園からメンバーが固定しているために、幼い頃の出来事が影響しているようでした。もちろんその都度指導はしましたが、なかなか改善の兆しが見えませんでした。そこで、6年生の2学期に、「絶対にしてはいけない五つのこと」を話し合って決め、紙に書いて教室の正面に掲示しました。それからしばらくは落ち着いていたのですが、3学期の1月、またトラブルが起こりました。私もさすがに怒りがこみ上げ、「こんなものを決めても意味がない！」と、掲示していた紙を剥がして破り、ゴミ箱に捨てました。自分の指導力のなさが情けなくて、子どもたちの前で涙を流したのを覚えています。その後は、もうすぐ卒業式ということもあり、大きなトラブルもなく時間が過ぎていきました。卒業式当日はクラス全員が（もちろん私も）涙を流し、とても感動的なものとなりました。卒業式も終わり最後の学級活動で話していると、2人の女子が私の方へ歩いてきました。「先生、これ」と言って私に手渡したのは、あの時私が破って捨てた紙でした。見ると破れたところはテープで止めてありました。あの時私が教室を出て行った後、破れた紙をゴミ箱から取り出し、きれいに延ばしてテープで止めていたのでした。それを見た瞬間、私は涙が溢れ、最後は話が出来ませんでした。自分の気持ちはしっかり子どもたちに伝わっていたのです。教員が真剣に子どもたちに向き合えば、子どもたちもそれに応えてくれると思えた瞬間でした。その時の嬉しさは、20年以上経った今でも忘れることが出来ません。その教え子たちとは、今でも時々集まっては昔話に花を咲かせています。教員という職業は、苦労することも多いけれど、やり甲斐のある素晴らしい職業だということを感じた出来事でした。

二つ目は、教頭として2校目に勤務した学校のことです。実は、その学校は私が1992年から4年間勤務した学校で、その時の教え子たちが保護者になっていました。PTA書記や母親代表が教え子で、教え子と一緒にPTA活動を行うのは不思議な感覚でしたが、おかげで楽しくPTA活動を行うことが出来ました。その教え子たちが立派に成長し、親として懸命に子育てをしている姿を見ることが出来ました。教え子の子どもたちは、私にとってはまるで孫のような存在に思えました。当時の保護者だった地域の方から、「先生、お帰りなさい」あるいは、「先生は以前、この学校にいましたよね。覚えていますよ」と声をかけてもらったりしました。勤務していたのは30年近く前ですが、その頃の繋がりは強く、みなさんから温かく迎えてもらいました。私にとっても卒業式で植えた記念樹の桜、子どもたちと一緒に部活動で汗を流した体育館など、一つひとつが大切な思い出として残っています。

教職はブラックだと言われます。確かに今の学校現場を見ると、外国語やタブレット等のICT活用、プログラミング教育など次から次へ新しいことが導入され、先生たちがやらなければならないことも多くなっています。また生徒指導や保護者対応で大変な学校もあります。その結果として在校時間が長くなったり、精神的なダメージを受けたりする先生がいることも事実です。自分自身を振り返っても、我が子の入学式、卒業式、運動会等の行事にはほとんど参加出来ませんでした。そして、休日も部活動の指導で家族と過ごす時間はほとんどありませんでした。教職に対する家族の理解、支えがあったおかげで続けられたと思っています。しかし、それ以上に多くの素晴らしい出会い、子どもたちとの関わりがありました。教員の仕事は大変です。でも、どんな仕事でも大なり小なり大変なことはあります。大切なことは、仕事のやり甲斐をいかに自分自身で見付けていくかだと思います。これから教員を目指す人たちに、教員という仕事の大変さばかりではなく、上述したような素晴らしさがもっともっと伝わることを願っています。

大塚　博俊（１９８７年度卒業）

教員養成の視点から

橋本健夫

大学に赴任してからの10年間は、苦しい毎日でした。それは、「学校の先生には絶対にならないと決心していた者が、先生を作る側になっていいのか」という問いかけが、頭から離れなかったからです。小・中学校時代の先生方は素晴らしい先生ばかりで好きでした。そして、少し憧れも感じていました。しかし、わんぱくが過ぎ、よく先生に叱られました。その度に、「先生にはなれないな。いい子にできないから」と思っていました。その気持ちが高校まで続き、進学先は研究者を育てる理学部の植物学専攻にしました。そこでは、遺伝生化学を学び、大腸菌が持っているカタラーゼという酵素を作る遺伝子の染色体上の位置を決定する研究にはまりました。週2～3回はある、夜を徹しての実験も苦になりませんでした。しかし、家庭を持ち、30歳を前にして、ふと、「将来どうして生きていく?」と不安になり、職を探し始めました。そして、運よく大学の教員職に採用され、「よし、これで研究に没頭できるぞ」と気分が高まりました。しかし、就職先は教育学部の理科教育のポストでした。毎年300人を超す先生を志す学生たちに「理科とは何か。理科の授業をどのように展開するか。そのためにはどういう知識が必要となるか」などを教えなければなりません。大学の教員と言えば、研究ばかりしていればいいと思っていましたので、この現実に大きなショックを受けました。さらに、理科の内容は何とかなったものの、教授法などはほとんど頭の中にありません。そこで、関係する書物を片っ端から読み、大学時代の先生方の門を叩いての学び直しを行わなければなりませんでした。その中で。冒頭の問いかけが責めるのですから、大学の教壇は針のむしろに座る気持ちで勤めていました。それを拭うために、毎晩のように赤ちょうちんの暖簾をくぐっていたのを思い出します。

小・中学校の授業の観察と先生方との交流

しばらくすると、卒業生が「先生、これどう教えるの?」と聞き始めました。理科に関する知識は即座に答えられるのですが、「子どもたちに、こう教えたらいいよ」までには至りません。この歯がゆさを解消するために、小・中学校の授業を見せてもらいに行くことにしました。大学の周辺はもとより離島にまで足を延ばしての自己研修です。その中で、ベテランの先生方の話し方や板書の上手さに圧倒されました。「なるほど。そうすればいいんだ」と感心の毎日でした。特に、離島の一日が終わってから先生のお宅にお邪魔しての意見交換は、勉強になりました。ある日、授業を見せてくださった先生が酔われてのひと言、「大学の先生はいいよな。理論だけ言ってればいいのだから」には参りました。まさしく的を射た言葉でした。それ以降、学校現場に行く回数を多くしました。この時代の授業観察と先生方との交流が、大学教員としての今の私を作ったと言っても過言ではありません。その時の経験を踏まえて、現在も授業にあたっては、いろいろな工夫を持ち込んだり、話に細工したりするのですが、「小・中学校の先生には勝てないな」と思う毎日です。

ゼミの卒業生の授業も観察させていただきました。ゼミ生にとっては、私は最も見られたくない一人でしょうが、顔を緊張させながらも受け入れてくれました。教室に入ると、彼らは思った以上に上手に授業を進めていきました。定期試験ではあまりいい評点を残せなかった子が、また、卒論が進まないと目に涙をためた子が、子どもたちを上手く導いているので

す。「立派になったな」と思って学校を後にするのが常でした。後で聞いてみると、いろんな先生方が「こうしたらいいよ」「これを使ってみたら」と教えてくれているとのことでした。先輩たちの助言や励ましが若い先生を育ててくれていることに改めて感謝しました。教え子たちも「上手くなりたい」との気持ちを前に出して励んでいることが分かり、その意欲をうまく導いている教員社会の素晴らしさを身近に感じることもできました。

教員養成の仕組み

ここで、教員養成段階における学校の先生の卵たちの学びを、紹介してみたいと思います。

【大学の教員養成学科等への入学】

まず、先生を目指す高校生は教育学部や教員養成を行う学科等の入試を突破しなければなりません。そのほとんどの受験資格（アドミッション・ポリシー）や教職科目を選ぶ条件に

は、「教員を志望するもの」との記載があります。それは、「教員養成に必要な内容や方法の教授に特化した学科や科目ですよ。間違えないように」との大学の宣言になります。もちろん、学力試験もあります。このように、先生になることを志望し、かなりの学力を持った者だけが教員養成段階に進めます。

【教員養成段階での学び】

大学では、先生として真っ先に要求される「円満な人格」を目指しての教育が始まります。まずは、1~2年生の教養教育段階でその基礎を作り、2~4年生の専門教育段階でその完成を目指した教育が行われます。それと並行して、先生として身に付けなければならない教職としての専門知識や技能の修得が始まります。その修得は教育職員免許法に規定されていますが、概要は次の通りです。(大学では、90分の講義を15回受講し、期末試験に合格して2単位が成立します。)

①主に講義で修得する内容等（最低50単位修得）

a．教育の基礎的理解に関する科目

「教育とは」、「教職の意義」、「教育制度」、「児童。生徒の発達」、「特別に支援を要する児童・生徒の理解」、「カリキュラムの意義・編成」等に関する科目から最低10単位修得

b．道徳、生徒指導、教育相談等に関する科目

「道徳の理論と指導法」、「総合的な時間の指導法」、「特別活動の指導法」、「教育の方法」、「通信技術を活用した教育」、「生徒指導の理論と方法」、「教育相談、進路指導」等に関す

る科目から最低10単位修得

c．教科及び教科の指導法に関する科目

「教科に関する専門的事項（小学校ならば10教科、中学校ならば1教科）」、「各教科の指導法等」に関する科目から最低30単位修得

② 主に学校現場に赴いて修得する内容等（最低7単位）

「教育実習（事前指導+小学校等で現場の先生の指導に従って行う教育実習+事後指導）」：5単位

「教育実践演習（教職の振り返り+将来に向けた自己の教員像想定）」：2単位

③ 大学が必要と考える科目

「体育実技」や「日本国憲法」など、大学が教職に必要と考える科目等で2単位以上修得。

何と幅広い内容を習得するものだと感心される方も多いと思います。先生という専門職になるためには、幅広く深い学びが必要なのです。この中には、「特別に支援を必要とする児童の理解」や、「通信技術を活用した教育」及び「教育実践演習」のように、近年の学校の教育現場に不可欠とされる資質を身に付けるために、最近新たに加えられた科目もあります。このほかに、議員立法で成立した「介護等体験実習」の2単位が義務教育段階の免許状取得には必要となっています。これは、高齢化や多様化が進む社会の教員として身に付けなければならない障がいがある方やお年寄りの方への配慮の獲得を目的としたもので、特別支援学校の実習と社会福祉法人での介護等を経験する実習（1週間）で構成されています。さらに、大

学によっては教育実習を充実するために大学1年次から学年が進むのに合わせた形で、小・中学校での授業観察や児童・生徒の体験活動の支援をする「学校体験活動」を加えている場合もあります。これらを合わせると70単位以上となります。大学卒業に要する単位数は、124単位ですからその半数以上を先生になるために必要な資質・能力に関する科目の履修に充てていることになります。残りの単位は、教育実践を離れて社会の動向を知り、人間の幅を広げ、深めるための科目の履修に充てられます。

このように、日本の教員養成段階における学びのシステムは、かなり手厚く整備されていると考えられます。また、このシステムは、上述したような社会の変化に対応して、修得すべき科目を加えるという修正機能も備えています。従って、現在の先生方は教職への意識を明確に持ち、整備されたシステムで学び、豊かな人格形成を行った後に、かなりの自信を持って現場に赴いていることになります。

しかし、現実にはいじめや不登校に対して十分な対応ができなかったり、学期途中で突然に辞職を申し出たり、さらには、社会的な不祥事の当事者として社会の注目を集める方もおられます。これらの原因は何でしょうか。考えられることは、次の3つです。

①社会の多様化が想定以上に進み、身に付けた能力では対応しきれないこと。
②時間的な余裕がないために対応すべき事象を見逃したり、十分に考えることができないこと。
③問題解決に向けた相談仲間がいないこと。

本来、先生方は有能なのです。それを発揮させるためには、まず時間的な余裕を与えることが必要です。また、孤立させないシステムも必要です。もちろん、この状況を踏まえた養成段階の改善も不可欠です。

教員養成段階での先生の卵たちの様子

大学での先生の卵たちは、総じて真面目です。授業への欠席はほとんどありません。また、ノートもよくとります。礼儀正しい卵も多いと感じています。それは、教職に就くという目標を明確に持ったいるが故と思います。もちろん、パチンコなどにはまる卵もいれば、バイトに精を出す卵もいます。しかし、それらは例外的と言ってよいと思います。難を言えば、静かすぎるということでしょうか。

この卵たちが大きく変わるときがあります。それは、教育実習です。この前後で卵たちは静から動に変化します。物静かな語り口が、積極的な話しぶりになり、自分の意見も主張できるようになります。また、「子どもたちは可愛いですよ」や、「絶対に先生になります」などの言葉を口にするようになります。何よりも、受講中の目の色が変わってきます。授業への取り組みが真剣さを増しているのだと思います。きっと、子どもたちと遊んだり、言葉を交わしたりする中で、自分の将来像を明確に思い浮かべることができたからでしょう。

ただ、教育実習中の授業担当の卵は、きっと惨めな気持ちになっているはずです。それは、思ったように授業が進まないからです。十分に準備したつもりで臨んでも、教えるべき知識を上手く伝えられず、修得したはずの技能も発揮できないという状況の中で、時間だけが過ぎていくからです。そして、焦りで気が動転する中で授業終了のベルを聞くことになります。

さらに、指導の先生から修正すべきたくさんの急所を指摘され、落ち込みがひどくなります。しかし、多くの卵たちはこの経験をばねにして次の授業に臨み、少しずつ修正する技を身に付けて行きます。この過程が彼らを成長させます。実習が終わり、大学に戻った時は一皮も二皮も向けた孵化を待つ卵になっています。もちろん、教育実習中に「自分は教員に向かない」と考え、教員への道を断念する卵もいます。大学の教員としては残念ですが、その卵たちには次の進路に向けたケアに心を砕きます。

教員養成段階から研修段階へ

教員採用試験に合格して晴れやかに卒業していく学生たち、先生の門をくぐれず捲土重来を誓って卒業証書をもらう学生たち、また、新しい世界に飛び込もうという学生たち、卒業式は様々な学生の晴れ舞台です。大学教員は笑顔で見送りますが、「大丈夫だろうか」、「もう少し鍛えればよかったかな」、「赴任する学校が良い環境であれば」などの不安が脳裏から離れません。従って、教え子たちがどの学校に配置されるかが気になります。3月末の新聞に公表され、教え子たちから弾んだ声で「〇〇学校に無事決まりました」との一報を受け取るのですが、それでも不安は消えません。新学期が始まってからしばらくすると、「元気にやってまーす」との便りが届きます。このときに、初めて不安が少し収まります。

このように、教員養成段階の教員にとって、送り出した卵たちのことが常に気になります。それは、卵たちが手にした教育職員免許状は、運転免許証とは異なるからです。後者の場合は、しばらくすれば上手く車を操れるようになると確信できます。それは、教習を受けた車と実際に運転する車の規格や性能にはほとんど差がないからです。しかし、前者に関しては大学で得た知識や技能には限りがあり、、多様な環境の下では身に付けた知識・技能を修正しつつ用いなければなりません。また、この修正は子どもたちの状況や学校環境によって左右されます。それを初任者の段階から上手くやれるはずがありません。この状況を思い浮かべるからこそ、送り出した卵のことが頭から離れないのです。教員養成段階の教員は、完成品としての教員を送り出しているという意識はありません。だから、卒業期には各県の学校関係者に、「卵をひよこにしましたよ、あとは大事に育ててね」という願いを託しています。教員養成段階での質の向上を行うためには、卵たちにできるだけ多くの学校現場の経験を積ませるほかありません。これが、教育実習とは別に学校体験活動を採用する大学の増加として表れています。しかし、教育実習や学校体験活動をいくら増やしても、全てが解決とはなりません。この補強は、採用後の研修の充実にかかっています。

完成品を目指して

教員に採用後は、各県・各市の研修が始まります。一般には、初任者研修のためのベテラン教員を配置しての1年間の初任者研修があります。N県では新任教諭6人に対して1人の初任者研修教員が配置されての研修ですが、この間にも挫折していく初任者がいます。このシステムでは、ベテランの研修担当教員は2週間に1日だけ新任教員に対面し、課題を聞き、その解決にあたった上で、教員としての資質向上を図ることになります。しかし、これでは初任者研修の目標の達成は難しいと思います。それは、新任教員も担任として学級を預かっているからです。担任になれば、様々な課題解決に追われ、疲れ切っています。この状況で研修の目標達成を図るためには、初任者研修教員と初任の先生と十分な時間をかけての話し合いが必要です。研修担当はベテラン教員とは言え、短い時間の中で初任者の全体像を把握し、指導することは至難の業です。この改善のためには、1人の新任教員に対して1人のベテランを配するシステムに改め、ベテラン教員と一緒に考え、行動する時間の増加を図ることが必要です。若しくは、新任教員の1年間はインターンシップであると位置づけ、教員の業務や学校の仕組みを理解させ、業務を試みさせることが必要です。

さらに、学校の中では様々な課題が毎日生じています。これらに迅速対応するためには、先生方の知恵を合わせることが必要になります。このために、研修の一環として「カンファレンス時間」を作っては如何でしょうか。月に1度、2~3校の先生方が集まり、それぞれが今生じている課題を出し合い、参加した初任者もベテランもその課題を自分事として捉え、解決案を模索し、意見を交わす時間です。自分が抱えている同じ課題に遭遇する中で、また、全く想定外の課題に出会う中で、今まで培った知識と知恵を出し合い、話し合えば、きっといい意味での切磋琢磨の状況が生まれ、初任者にも良い刺激になるはずです。この中で、先生としての連帯感が生まれ、孤立することなく新しい課題に挑戦できる資質が生まれてくると思います。

社会との連携

社会の付託に応じることができる先生方を作っていくためには、教員養成段階と研修段階のそれぞれの充実と、連携協力が欠かせません。しかし、それ以上に学校と地域社会との連携が大切です。子どもたちは1日の3分の2を家庭や社会で過ごします。そして、残った3分の1を学校が預かり、成長を支援することになります。従って、学校での子どもたちの言動は家庭での言動に基盤を置いています。つまり、家庭での教育は、学校教育の成果を左右する力を持っています。だから、学校は教育方針を明確にして家庭に発信するとともに、家庭はそれに呼応し、態度を明確にしなければなりません。もし、方針に違いがあるならば十分に話し合って一致点を見つけることが必要です。この過程で、互いの役割を明確にして、それぞれが役割を果たしていくことが、子どもたちの健やかな成長の前提条件になります。特に、社会が多様な価値観を容認する時代にあっては、今まで以上に学校と家庭は尊重し合い、意見交換をし合うことが非常に重要になっています。忙しい世の中ですが、子どもたちのために時間と話す場を作りましょう。

将来に向けて

現在の学校制度や教員養成システムは、伝統的な日本人の教育観によって築かれてきました。このシステムだけでは、多様化が進む将来社会への対応は十分とは言えません。日本社会が日本人だけで構成される時代は終わろうとしています。世界中の子どもたちを受け入れる場としての学校、多文化の中で活躍する先生を作ることが急務となっています。多様化を受け入れてこそ、独自文化が輝きを増します。多様性の素晴らしさを学び、多文化社会で活躍する市民の育成に向けた教育を開始する時期になっています。

第四章　特別寄稿

教員は高度な専門職

川上昭吾

1　教員を養成する教育大学と教育学部の設置

私が勤めた愛知教育大学は師範学校を母体として第2次世界大戦後創設されました。ここでは、小、中、高校の教員、幼稚園教員、養護教員、特別支援学校教員を養成しています。現職の教員の研修や、外国の留学生も受け入れています。いわば、教員養成の総合大学です。このような教員養成大学は、旧帝国大学があった都道府県に設置され、その他の県では各県の国立大学に教育学部が置かれました。

第2次世界大戦後、教員はすべて「大学を卒業した者」になりました。大学進学率が低かった当時、子どもたちの保護者の方に大学卒業者はチラホラですから、教員への尊敬の念は高かったのです。

現在、大学は広き門となって進学率は53・7％です。どの学部も志願者が減っており、教育学部も志願者が減少しています。高校3年生が教員を目指す場合、小、中学校の先生方の働く姿を思い出すでしょうが、それが魅力を欠いているのかもしれません。学校教育が優れているフィンランドでは、教員が医師とともに人気がありました。フィンランドのようになって欲しいものです。

日本にも良い例があります。1960年代（昭和30年代の中期）以降、高度経済成長期に入ると大学進学率は急速に上昇しました。しかし、教員のなり手が少なくなっていきました。そんな時、小学校卒の学歴であった田中角栄首相は、「いい先生を確保するために先生の給与を一般公務員よりも3割上げる」という「人材確保法」を成立させました。1973年（昭和48年）のことです。私は、俸給を上げるということもさることながら、氏の「いい先生を」という精神が素晴らしいと思います。この考えが今欲しいのです。

2　学生と教員の状況

学生は「先生になること」を目指して愛知教育大学に入学してきます。また、総じて「子どもが好き」です。これは教員であることの最も大切で基本的な資質です。「子どもが好き」だから、全ての子どもを分け隔てなく指導できます。このような若者が教育学部を目指した大きな原因が、小、中学校時代に強く影響を受けた先生がいたということです。簡単に言えば、「いい先生」との出会いがありました。

学生は教育学部で教員免許状を取得するために、教育の原理について、子どもの心理や発達について、子どもの（問題）行動について、様々な学習障害について、道徳の指導についてなどの教育全般について深く学修します。また、小学校の教員になるためには、小学校の全教科について学修するとともにその授業方法も勉強します。中学校の教員の場合には、教科の専門性を高めます。さらに教育実習を行います。そして大学生活の総仕上げとして卒業研究があります。この結果、卒業時には広い教養と高い専門性を備えることになります。最近では、大学院で学び、合計6年間の学修を深め、高度な専門性を身につけた教員が生まれるようになりました。また、教員を続けながら大学院で研修を積む場合も増えてきています。

大学は創造的でなければなりません。私の研究室に所属する学生は極めて創造的でした。大学4年生というわずか1年間で大学が刊行する紀要（論文集）等に掲載されるような非常に新規性のある研究成果を出す学生がほとんどでした。その内容を紙幅の関係で述べることができませんが、拙著『理科教育学のすすめ』（東洋館発行）をご覧ください。このほとんどが教員になりました。

教員は、広い教養を持つとともに創造性がある高度に専門的な存在です。

私は欧米とアジア諸国の学校を見てきました。そうして分かったことは、日本の教員の目は輝き、きびきびと動き、授業技術も最高で、非常に優秀であることです。おそらく世界一でしょう。

3　現在の学校の課題

ランドセルの重さをご自分の子ども時代と比べて「重い！」と実感される方も多いことでしょう。以前に比べて学校で学ぶ内容が増えています。英語もコンピュータも学校で学習します。また、保護者の方の期待も大変大きくなっています。この中で、子どもは大変なストレスを抱えています。その結果、「いじめ」や「不登校」がものすごく増えています。いじめは心の成長に大きな傷をつけます。不登校はさまざまな原因がありますが、中学校になるとクラスに1人以上います。本人とご家族の苦しみはいかばかりかと推測しています。ところが、その改善のための支援は非常に小さいと思います。将来ある子ども達がこのような状況に置かれています。これは、大問題です。

家庭に目を向ければ、今日共働き世帯が増えました。つまり、子どもは家に帰って保護者と過ごす時間が格段に少なくなっています。この結果、家庭の教育力が低下しています。そのため基本的な生活（躾の一部）まで学校で教えることになりました。それが、教員の任務が増える一因になっています。率直に言えば、子どもの教育を他人に任せる時代となっているのではないでしょうか。

教員は子どもが好きです。ですから好きな子のためにどんどん仕事をします。部活動は5時過ぎまであります。それどころか土曜日も日曜日も部活動の指導があります（最近は事情が変わってきていますが…）。いい授業をするための準備もあります。全ての子どもたちへの配慮をするために、個別な対応も求められます。さらに、子どもたちの保護者の方にも対応していかなければなりません。これらに勤務時間内で対応することができないことは明らかです。今の教育は教員の情熱があるから成り立っていると言っても過言でありません。

学校の教育環境を整備しなければなりません。1学級40名定員を大幅に削減する必要があります。日本のように大人数のクラスは先進国では皆無です。私は25名程度を期待しています。また、集団生活になじめない子が増えていますから、子どもたち一人ひとりを丁寧に育てていくためには学校にクラス担任を持たないでフリーに動ける先生が必要です。さらに、いわゆる「雑務」も多すぎます。改善が必要なこれらのことが放置されてきました。政治が貧困であると言わざるを得ません。

4　将来に向けての提言

自立した子どもを育てようと、文部科学省は2000年頃「ゆとり教育」を提案しました。学校で教える内容を減らしながら子どもを良く育てるという提案でした。私は、日本の教育が良くなると期待しました。ところが、「学力低下が起る」と大合唱が沸き上がりました。

先ず、大学の理系の教員は学力低下が起きているというのです。実は、18歳人口が急激に減ったことにより大学に入りやすくなったことから学生の力が落ちていたのですが、それが「学力低下」と勘違いされました。マスコミ関係者も「ゆとり教育」を「学力低下」が起ると喧伝しました。明らかにマスコミの勉強不足でした。「文教族」と呼ばれる国会議員は、世論に迎合して、教える内容を減らせば学力は低下すると声高に叫びました。これらの圧力に抗しきれないで、文部科学省はとうとう知識量重視の元の教育に戻してしまったのです。この結果、学校が変わる絶好のチャンスが失われてしまいました。

教育改革のチャンスを無にしたのは社会の判断が愚かだったからです。文部科学省は新しい提案に自信を持ち続けるべきでした。当時、学校の先生方は、量を少なくしても質を高める新しい教育を熱心に研究し、実施し始めていたのです。教育のプロである教員をもっと信頼すればよかったのにと思います。

今の子ども達は、いじめ、不登校に象徴されるように、病んでいる場合も少なくありません。教育の在り方を、学校も、家庭も、そして、社会も根本から考え直す必要があります。「ゆとり教育」が２０００年頃の提案でしたので、近い将来、文部科学省は新しい革新的な提案をする（して欲しい）と思います。その時、教育のプロ達（大学の教育関係者及び先生方）の意見をよく聞いていただきたいと思います。

川上　昭吾（愛知教育大学　名誉教授）

「先生がいいよ」の再興を願って

大高　泉

「先生がいいよ。卒業した教え子からいつまでも慕われるのだから」。進路の話になると母はよくこう言って、私に先生になるように薦めた。母は女学校卒業後、研究科に進み1942年（昭和17年）3月に修了していた。女子師範ではないので、まさしく戦時下での代用教員として教師を経験したと聴いた気がする。自宅近くの茨城の大学の教育学部へ入学したことをことのほか喜んでくれた母であったが、1年も経たずに47歳で逝ってしまった。冒頭から私事にわたって恐縮であるが、母の願いでもあった「先生になること」には特別の思いがある。

教師の魅力を探る調査では「生徒の成長を支援し見守ることができる」「生徒との人間的な関わり」等が上位を占め、子どもたちに将来なりたい職業を訊ねる調査でも教師は常に上位を占めてきた。ところが、今、教職敬遠、教員志望者減少、教員不足が深刻度を極め、「教員の問題」が社会的にも関心を集めている。その背景には教員を取り巻く環境の複合的構造的な悪化がある。

一つ目に、「過労死ラインを越えている」長時間労働が常態化している。ところが二つ目に、半世紀前の「給特法」によってその残業代は支払われていない。まさしく「定額働かせ放題」が続き、ＯＥＣＤの調査によれば日本の教員給与は国際平均を下回っている。三つめに、文科省の「児童生徒の問題行動・不登校調査」（２０２２）では、不登校、いじめともに過去最多を記録している。四つめに、その対応、学習指導・保護者対応負担が主因と思われる精神疾患・「心の病」で休職した教員は過去最多になっている。五つ目に、その結果とも連動して、文科省の調査によれば、１年以内に辞めた新任教員の数は増加傾向にある。その影響も含めて、六つ目に教員不足が深刻である。今年5月の教育委員会に対する日教組の調査によると、教員不足は２０８２人で、しかも夏休み中の退職もあり、教員不足が子どもの学習環境の悪化を招いている。特に高校情報科の教員不足が際立っている。七つ目に、公立学校教員の２０２４年度採用試験の志願者は、前年度から約６０００人減少し低倍率化に歯止めがかからない。すべての試験区分の志願者数は20年度から24年度にかけて2万３５００人ほど減少した。特に公立小学校では著しく23年度採用試験受験者は前年度より約２０００人減少し、志願倍率が2倍を割っている自治体も多い。さらに八つ目に、その背景要因の一つとも言える教員免許授与件数が大きく減っている。今年度は前年度より７４００件減少し、データのある03年度以降最少となった。特に中・高の免許で大幅減となっている。筆者が勤務していた筑波大学は教員養成系の大学ではなかったが、日本初の師範学校の流れを汲んでいる歴史もあってか、中高の理科の免許取得希望者は毎年２００名ほどに上っていたが、最近は60名ほどに激減している。

こうした状況を改善すべく様々な対応策が進められている。中央教育審議会は昨年末、『令和の日本型学校教育』を担う教師の養成・採用・研修等の在り方について」を答申して、今後の教師の養成・採用・研修等の在り方を提案し、昨年4月には文科省が設置した「質の高い教師の確保のための教職の魅力向上に向けた環境の在り方等に関する調査研究会」が、教師の処遇改善、指導・運営体制の充実等を一体的・総合的に検討する必要性を指摘し、関連事項の論点整理を公表している。こうした文科省の制度改革・政策変更を受け、採用側の自治体・教育委員会側でも多様な改革・改善策が提案され実施されつつある。

これまで、教員の養成・採用・研修・働き方等は全国横並びや地区に共通であることが多かったが、「教員の問題」をめぐる様々な現在の対応策は各自治体や各大学等で極めて多様化し、しかもその実現は迅速化している。

主な対応策としては、第一に、教員の処遇改善である。現在「給特法」に基づき基本給の4％分が「教職調整額」として上乗せ支給されているが、自民党ではその支給比率を10％以上に引き上げることを提案し、また昨年の「経済財政運営と改革の基本方針（骨太の方針）」の原案では「給特法」の見直しなど教員の処遇改善に重点が置かれている。いうまでもなくこれらは当然必要な対策でむしろ「遅きに失した」感を免れない。

第二に、教員の働き方改革の推進である。働き方改革は多面的種々様々で、部活動指導の地域移行、定時退勤日の設定、5時間授業日の増加など日程表の見直し、ペーパーレス化や保護者向け文書のメール配信など電子化の推進等々、枚挙にいとまがないほどである。

第三に、採用試験の改革である。中教審答申では、採用試験の早期化・複数回化・共通化を提言していて各自治体の取組みは多様化を極めている。文科省主導の共通問題を活用した12月17日の採用試験が7自治体で実施された。これには大学3年生も受験可能になっている。また文科省が試験実施標準日と設定した今年6月16日に実施する自治体に対し小学校教員資格認定試験問題が提供されることになった。しかし文科省主導の採用試験の共通化・統一化には、自治体固有の事情が反映されないなどの批判や教育行政の地方自治の原理・地方分権の否定につながりかねないと問題視する専門家も多い。未曾有の採用試験改革が多種多様に進められてはいるが、そもそも現今の「教員の問題」を採用試験改革で解決しようとする対策は弥縫策に過ぎないとの批判も根強い。

第四に、社会人などに対して「後から免許」受験を可能にしたり、講師経験者に1次試験を免除したり、「教師塾」やペーパーティチャー向けの「教員再チャレンジ研修会」「ペーパーティチャーセミナー」等を開催して教員増への門戸拡大を図っている。

第五に、国立大学の教員養成系学部の入試では、卒業後に出身地など特定地域の教員希望者を対象にした「地域推薦枠」や「教員希望枠」を設けている。養成側の大学の教員志願者不足対策は、高校生にまで影響を及ぼしている。

採用試験改革はともかく、処遇改善や働き方改革は必須であり強力に進めるべきであるが、教職の魅力の第一に上げられる「教師と生徒との人間的な関わり」を充実させるには十分とは言えない。その充実には経済的なゆとりのみならず、時間的身体的精神的専門的ゆとり等が必要である。筆者は、文科省の定める現在の残業上限時間（45時間／月）をさらに減らした総労働時間数にしつつ、国家公務員に対して人事院が勧告している週休3日制を先取り的に導入して自己研修や休暇に充て教員のゆとりを確保するのがまず基本であると考えている。

9月に高知大学で開催された日本理科教育学会全国大会に参加した。30歳代のほとんどを過ごした高知大学時代の教え子に久しぶりに会うことができた。教え子といってもいずれも定年近くになっている中学校の女性教員（高知では「女先生」という）であるが、その息災・成長・活躍を確認して教え子のいる素晴らしさを実感した。一方地元では、教育論文審査の会議などで恩師と同席する機会が増えてきた。傘寿を過ぎた恩師と会い、あれこれと話すことが何より楽しいひとときである。教え子にとっての私は、私の恩師には遠く及ぶはずもないが、恩師に巡り合えたこと恩師がいることの幸運に感謝するばかりである。こういう時に「先生がいいよ」という母の声が蘇ってくる。

大髙　泉（筑波大学　名誉教授）

教職はこんなに素晴らしい

町井富子

1　自分の良さに気付く仕事

皆さんは「あなたの良さはどんなところですか?」と質問された時、「はい、私のいいところは○○です」と答えられますか。誰にもそれぞれ必ず良いところ、自慢できることがあります。でも自覚していないだけなのです。皆さん、思い浮かべてみてください。嬉しい出来事があり、笑顔で友達や家族に「おはよう」とあいさつしている自分、アルバイト等で褒められ嬉しくなって微笑んでいる自分を。人は満足した状態が続くと、何事も良いほうに考えることができるようになり、自分の良さに気付き、他の人に優しくすることができるのです。ではどのようにしたら、自分を満足した状態にすることができると思いますか?毎日好きな物を食べて、好きなことをしていられたら、それで満足でしょうか?でも長く続かないことに気付くはずです。少し困難なことがあっても、仲間と助け合いながら解決できた時、頑張っている姿を褒められた時、本当の満足、そして心からの笑顔となるのです。

それができるのが、人間を育てる教職という仕事なのです。人とかかわる教師という仕事は感情があり心が動きます。何か困難な出来事があっても学校という組織が皆さんを守ってくれます。また、自分の得意とすることを生かしながら、仲間と共に困難を乗り越えることができる場所なのです。

「一緒に遊ぶ」ことから学級経営を〈実践例1〉

新任式、始業式が済み、少し不安な状態で3年教室に入ると、35人全員の子どもたちが、大きな丸い目でじっと私を見つめているのです。その子どもたちの表情を見ていると、今までの不安は全く消えました。子どもの笑顔には相手を和ませる力が込められているのです。「先生、先生、私ね」とパワー全開で自分を表現してくる子、声をかけても黙ってうなずくだけの子、話を聞かないふりをして注目を引こうとしている子、一人一人表現方法は異なりますが、担任の私を意識していることが分かりました。そこで、その日から昼休みには、毎日子どもたちと一緒に遊ぶことにしました。一緒に遊ぶことにより、子ども一人一人の性格や特徴そして、好きなことや自信をもってできること等が分かってきます。また自分の中に隠されていた「遊びを工夫する力」にも気付くことができました。もちろん、最初は心を開かない子もいました。でも、授業中や活動の後に具体的にその子の良さを褒めたり、励ましたりしていくうちに子どもの心が和み、担任の話を聞いてくれるようになりました。また、何か言いたそうな保護者には、できるだけ、担任から声をかけるようにしました。その子の頑張っているところ、優れているところ等を具体的に知らせました。また、顔を合わせることの少ない保護者には連絡帳を活用し、子どもの活動の様子や努力している内容、友達との楽しい様子などを知らせ続けました。35人の連絡帳に毎日記入することはできないので、一日に7人と決め、良さを伝えました。保護者も自分の子どもを具体的に褒めてくれる担任を理解してくれるようになり、徐々に協力してくれるようにもなりました。子どもたちは自分が満足する状態になると、友達への思いやりも深まり、我慢ができ、譲り合うこともできるようになりました。そしてクラス全体が温かい雰囲気に包まれるようになったのです。

教師という仕事、多忙で困難が多く大変であるというイメージを持っている人が多いようですが、最初から先生に対して反抗的な意地悪な子はいないのです。必ず理由があるのです。教師が子ども一人一人の気持ちを理解し、自分をコントロールできなくて困惑している子の解決策を本気で考えていると、その姿を見ている子どもたちも、徐々に気持ちが動き、先生のことを理解してくれるようになるのです。さらに担任も、遊びを通して子どもを理解していくと、子どもの力を信じることができるようになります。そして担任の信頼を得、責任ある仕事を任された子どもは大きく成長します。自分に自信がもてるようになると、友達にも優しくなるのです。友達とうまく関わることができなかった子が、困難を乗り越え嬉しそうに遊んでいる姿はとても感動的です。人とかかわる教師という仕事だからこそ味わうことができる充実感なのです。

2　自分の得意とすることを生かし教職を楽しむ〈実践例2〉

私の家では父親が和牛を育てていました。和牛の子牛は母牛の傍で過ごすので、干し草を食べるようになるまでは、自由に庭を走りまわっています。朝起きると玄関の入り口で遊んでいるのです。子牛は愛情をもって育てると人間をとても信頼し一緒に生活することができるのです。その子牛のしぐさがとても可愛いのです。どうにか学校で子牛の飼育ができないだろうかと考えていました。そこで、地域の実態を調査すると、なんと、学校の近くに牛を育てている牧場があることが分かったのです。この人が協力してくれたら、必ず校長先生や教育委員会の人を説得できると信じ、牧場に何度も足を運び「子どもたちに命の大切さを体全体で感じさせたい」という私の願いを伝えていました。

この学校では、生活科を中心に「生命尊重の心を育む」というねらいのもと、ウサギを飼育していました。しかし、ウサギを飼育しただけでは「動物には命があり生きている」ということを実感させることができませんでした。そこで、保護者会の場を活用し「私はもっと子どもたちに命の大切さ、家族の温かさを実感させたいのですが、なかなかうまくいきません。何かいい方法がないでしょうか」と話してみました。保護者は快く一緒に考えてくれました。そして、牧場を経営している農家の方が「子牛を見においで、可愛い子牛のしぐさに子どもたちが夢中になるよ」と提案してくれたのです。他の保護者も賛成してくれました。大喜びで、校長先生と相談し、春の遠足は小学校の近くの牧場に行くことにしました。ホルスタイン（白黒の模様の牛）は、牛乳を出荷するために飼育しているので、搾乳の都合上、子牛は生後間もなく母親から離され哺乳瓶からミルクを飲み育ちます。そのため母牛が恋しく、世話をする農家の人の指を母牛の乳首を吸うようにチュチュと吸うのです。子どもたちも手を出すとペロペロとなめられてしまいます。しかし、子牛の愛らしい目、フワフワな背中、そして指をなめる温かい唇に感動し、なかなか子牛の傍を離れることができませんでした。そこで、牧場主が学校で1カ月間飼育してはどうかと提案してくれたのです。

「命の大切さを気付かせたい」という担任の思いと、「酪農家の魅力を伝えたい」という農家の方の思いが重なり、小学校での子牛飼育体験がスタートしました。土・日の子牛の世話や子牛の体調管理は全て牧場主が引き受けてくれました。子どもたちが毎日子牛の世話をすることができるように、小さな牛小屋を2年教室の前に設置してくれました。名前は学級活動の時間にクラス全員で話し合い「ももちゃん」と決めました。国語の教科書は、全員が子牛の方を向いて読みました。図画工作の時間には牛小屋の周りに椅子を運び、ももちゃんの絵を描きました。生活科の時間には牛小屋の掃除をしたり、わらを敷いたりしました。また、2年生が責任をもって当番を決め、朝と放課後の2回ミルクを飲ませました。「ミルクの量はカップ1杯だよね」「お湯の温度はお風呂に入るくらいだよね」と友達と確認しながら協力してミルクを飲ませました。生後1カ月の子牛なので、バケツの中にお湯を入れミルクを溶かしてよくかき混ぜ、飲ませます。子牛はお腹がすいているので一気に飲んでしまいます。そのため、お腹を壊すのを防ぐため、唾液が胃の中に入るように手の指にミルクを付け、子牛に吸わせるのです。まだ歯が生えていない子牛の口の中は柔らかく、とても温かいのです。子牛は子どもたちの手を母牛のお乳だと思い、一生懸命吸うのです。体は大きくても、まだまだ赤ちゃん牛です。2年生全員がももちゃんの母親になった気分です。1週間もすると、ももちゃんは子どもたちが登校してくると嬉しくてピョンピョン飛び跳ねます。小屋の柵で鼻をかいたり、しっぽで虫を追い払ったりするしぐさも可愛くて、子牛の様子を手紙に書いて家族に知らたり、作文に書いたりしました。2年生になっても文字を書くことが苦手だった子がいましたが、子牛のしっぽを洗ってあげたことやミルクを飲ませることができたことなどを家族に知らせたくて、自ら進んで手紙を書き始めたのです。さらに、急に雨が降り出すと「ぼくが守ってあげるよ」と言って牛小屋に走って行き、ビニールシートをかけることもできるようになりました。また、「私、ももちゃんが毎日元気でいてほしいから、うんち日記をつけるよ」と自分から進んで毎日うんちの様子を確認し記録してくれたのです。

このように、絵が苦手だった子まで、子牛の絵を描いたことにより、絵が上手に描けるようになりました。次のページに掲載したように、子牛が学校に来た日に描いた絵は3本足のハムスターのようでしたが、6日間一緒に過ごしてから描いた絵は、牛の背中のラインや後ろ足と前足の太さの違い、二つに割れている足の爪の様子など牛の特徴を生かした絵が描けるようになったのです。子どもたちは自ら愛情をもって子牛と関わり、毎日よく見ていたのです。また、自ら牛小屋に入り、ももちゃんのしっぽに着いたうんちを雑巾で拭いている友達の様子を見て、今まで知らなかった友達の良さに気付くこともできました。

児童１が描いた三枚の絵

絵 ①	絵 ②	絵 ③
○子牛が学校に来た日の絵 小屋の周りで自由に牛を見て教室に戻り絵を描いた。	○子牛の世話を始めた日の絵 小屋の周りに椅子を準備し子牛を見ながら描いた。	○６日間子牛と一緒に生活した後の絵。小屋の周りに椅子を準備し、子牛を見ながら描いた。

児童１　絵の分析　A・M

絵の分析の視点	絵 ①	絵 ②	絵 ③
体全体の様子	・体は楕円形 ・体に、目、足、しっぽの全てがついている ・体は黒く塗りつぶされている。	・顔と体の二つに分けて描いている。 ・体に白い斑点がある ・少し長いしっぽ	・背中のラインがしっかり描けている。 ・尻の丸み、しっぽの着き方が良く描けている。 ・体と顔のバランスが良い。 ・ 白い斑点がある
足	・足３本 ・真っ直ぐである。 ・足に３つ指がある	・足４本	・足の付け根も太く描けている。膝の曲がりもある。 ・二つに割れた足の爪がある
動き	・無し	・足にばらつきがみられる。	・歩いている
顔	・目が一つ ・小さい耳がある。	・目の描き方が漫画のよう ・猫のような犬のような顔	・目の玉、口あり 耳は牛の耳のように描けている。
表情	・無し	・無し	・生き生きとした表情。

以上のように、「子牛飼育体験」のような例のない実践においても「子どもを成長させたい、子どもに自分の良さや成長を実感させたい」という思いを、校長先生や他の先生方に伝えると、詳細な計画や地域との連携の仕方等について快く支援してくれます。担任は一人ですが、子どもを成長させるのはチームです。安心して、教師としての自分の良さや今までの経験を生かし子どもと共に教職を楽しんでほしいと思います。

町井　富子（群馬大学　講師）

先生になる皆さんへ
―心理学からのメッセージ―

橋本 優花里

私はある公立の大学で、教職課程を担当しています。本学には教育学部はありませんが、毎年、教員を目指して一定数の学生が教職を目指して入学してきます。所属する学科の専門科目に加え、教職課程の科目を履修しなければならないため、教職課程の学生の時間割は授業で埋まっています。ですから、例年、1年次には60人程度の教職課程学生がいますが、学年が進行するに従い減っていき、4年次には20人あまりの学生が残ることになります。そして、20人においても、全員が教職一本で進路を考えているかと言えばそうではありません。教員免許の取得そのものが主眼である学生も多く、どうしても教員になりたいという学生は、教員免許状取得者の3分の1程度です。

規模としては細々とした教職課程ではありますが、卒業後、立派に教員になって活躍している卒業生もたくさんおられます。わざわざ大学にきて、後輩に向けて「教職の楽しさ」を説く授業をしてくれる卒業生の教員もいます。先輩方の姿に触発され、後に続けと、今日も「ガチで教員になりたい」学生が研鑽を積んでいます。先輩から後輩へ脈々と続く教育への熱意は、過去から現在に至るまで、我が国の教育を下支えしてきた大きな力であると感じます。そして、そのような力に後押しされた教職に向かう志は、「教職はブラックである」と言われる世間の流れに揺るがない強靭なものと言えます。

さて、ここからは、教職課程を担当する教員として、また心理学を専門とする臨床家として、先生になる皆さんに心理学の知見からお伝えしたいことを記したいと思います。

まず1つ目は、「学習者検証の原則」を徹底した教育実践を行ってほしいということです。学習者検証の原則とは、教え方の良し悪しは、学習者が学習できたかどうかによるとする考え方です。つまり、児童・生徒が学べないのは、教員の責任であるということであり、子どもたちが悪いのではなく、教員が教えたつもりになっているだけだからです。児童・生徒が学べないのを生徒の努力不足や能力不足に帰するのではなく、自らの教え方の問題としてとらえ、改善する努力を惜しまないでほしいのです。また、「学ぶ気がない（やる気がない）」という声もよく耳にします。しかし、これについても、児童・生徒のやる気を引き出せていない教員側の問題であり、生徒を非難する材料にはならないのです。

次に、児童・生徒の主観的体験をありのままに理解しようとする姿勢を持ってほしいということです。児童・生徒理解においては、時折、「児童・生徒の目線に立つ」というような言葉で説明されることもあるかと思います。しかし、これは「児童・生徒」「先生」の関係を前提としたかかわりと言えます。一方、私が申し上げたいのは、「児童・生徒」「先生」の関係を一旦脇に置き、その生徒が一人の人間としてどのような体験を今まさにしているのか、ありとあらゆる可能性を考え、理解に努める姿勢をとってほしいということです。「先生」の立場で相手を「児童・生徒」や「子ども」として見ると、そのことがフィルターとなり、児童・生徒や子どもへの対応が間違ってしまうかもしれないのです。

一つ例を挙げましょう。ある中学生1年生の生徒が門に入らず、近くの公園にいるという情報が親から入りました。親はその日、子どもが登校を渋ったので、学校に行っているかどうかを心配して、携帯の位置情報でチェックをしていたようです。連絡を受けた先生は急いで生徒のいる公園へ向かいました。さて、その先生は、そこでどのような対応をするべきでしょうか。「先生」としてその生徒を見るのであれば、「今日は何か学校を避けたい理由があるのかもしれない」「近くまでは来れるのだから、まずは学校内に入れるようにしよう」と考え、保健室に入ることを促すかもしれません。あるいは、学校に入らず公園にいた生徒をさぼりとみなし、親や学校に心配をかけたことについて謝るように言うかもしれません。でも、生徒はなぜ、門をくぐることができなかったのでしょうか。「先生」としては、「学校に行く」ことを当たり前と考えるあまりに「学校に入らせること」への対応を急いでしまい、「なぜ」を十分に理解しないということが生じる可能性もあるのです。実際、先の例では、先生が生徒に「謝れ」と言ったのが最初の言葉で、その後、その生徒は1年以上にわたり、学校に通えなくなりました。

「児童・生徒」は、「児童・生徒」である前に一人の人間です。まだまだ未熟な子どもかもしれませんが、その子なりに精いっぱい毎日を生きています。「児童・生徒」や「子ども」といったフィルターを一旦はずし、児童・生徒や子どもを取り巻く状況やその中での彼・彼女の主観的体験をありのままにいろいろな視点から理解しようとしてください。そうすることで、真の児童・生徒理解が進むとともに、彼・彼女との信頼関係が強固になり、「先生」としての「児童・生徒」へのかかわりが双方にプラスとなると信じています。もちろん、先生と児童・生徒の関係の中で生まれる学びや導きもあります。ある時は先生、ある時は一人の人間として児童・生徒に関わることで、一人の人間である子どもたちへのかかわり方もより豊かなものになるでしょう。そして、学習者検証の原則について述べた際にもお伝えしましたが、教員側からの教育実践ではなく、児童・生徒の立場に立って自身の教育効果をふり返ってください。そうすることで、教育の在り方は、日々改善され、磨かれていくことと確信しています。

特別寄稿

編集後記

呼びかけに不安はありましたが、予想以上に多くの想いが寄せられました。皆さんの協力に深く感謝したいと思います。この背景には、メディアの指摘に対してごく普通の先生方が「自分の気持ちを伝えたい」、あるいは、「皆さんにわかってもらいたい」との想いを強く抱いておられたのではないかと思います。

各著者の想いを、「教職の今」、「OBからもひとこと」、「教職を目指す方へ」の3つに分けさせていただきました。しかし、全ての文章には、「職場環境は整っているとは言えないが、子どもたちの成長は待ったなしであり、その一つひとつの場面に立ち会える教職は誇りであり、喜びでもある。この充実した職場に多くの若者が続いて欲しい」とのメッセージが込められていたと思います。

加えて、様々な例を挙げながら、困難や苦労を一瞬で忘れさせてくれる子どもたちの笑顔や控えめな自慢顔、そして弾んだ声に会える学校現場の様子が描かれています。さらに、日ごろの素振りには見せないものの、教員が困惑したとき、ふと振り返ると子どもたちの視線がこちらを向いている場面も描かれています。それは、毎日一生懸命に子どもたちファーストを心がけている教員の気持ちや態度が子どもたちの心をとらえていることを示しています。

このような場面が存在する限り、日本の学校教育は安泰だと思います。多様な社会になり、学校も多様であるべきとの意見は理解できます。ただ、市民育成の基盤をなす学校教育は従来からの良さに磨きをかけ、その価値を高めて欲しいと思います。教員は教えるマシーンではありません。子どもたちと心を通わせ、ある時はお母さんやお父さんに、また、ある時はお兄さんやお姉さんになって彼・彼女の最大限の成長を願って支援する一人の人間です。自由な時間と仲間の輪の確保がなされることを心から願っています。

一方、大学の教員として各著者を指導?した立場から言えば、「立派になったね」と声をかけたいと思います。時折思い出すそれぞれの卒業研究をまとめるときのおどおどとした眼差しや誤字脱字の多い文章というイメージは完全に払拭されました。卒業後、様々な機会を通して学校や社会で学ばれた結果だと思います。教職を語る際には「常に勉強」が合言葉になりますが、これを日々実践されたのだと思います。ごく普通の先生方にこの姿勢が維持され、子どもたちを愛する気持ちが続く限り日本の学校社会はこれからも充実していくと思います。

さて、読まれてどのような色を思い浮かべられましたか。私は、ゴールドという華やかさはないけれどもいぶし銀ともいえる深く力強いシルバーを思い浮かべました。シルバーは手入れをしないとすぐに黒くなってしまいます。社会が常に教育界を気にかけ、課題の解決に尽力すれば、このシルバーは輝き続けることができます。そして、その魅力が、きっと多くの優秀な若い人たちを教職に誘ってくれると信じています。

橋本　健夫

特別寄稿著者

川上　昭吾
広島大学大学院博士課程修了（理学博士）、愛知教育大学名誉教授

大髙　　泉
筑波大学大学院博士課程単位取得満期退学（教育学博士）、筑波大学名誉教授

町井　富子
宇都宮大学大学院修士課程修了（教育学修士）、群馬大学講師

橋本優花里
広島大学大学院博士課程修了（博士（心理学））、長崎県立大学地域創造学部教授

イラスト作者
岡島　礼子
京都市立芸術大学卒業、ボローニャ国際絵本原画展入賞、イラスト・絵本作者

著者・編者
橋本 健夫

広島大学大学院博士課程単位取得満期退学
長崎大学名誉教授
西九州大学教授

『子どもたちとともに －学び続ける教師たち－』（2012年刊、長崎文献社）
『ひるまにねむるイヌとネコのひみつ』（2021年刊、長崎文献社）

教職をブラックと呼ばないで －学校現場からのお願い－

発　行　日	2024年3月20日　初版第1刷
編　著　者	橋本 健夫
発　行　人	片山 仁志
編　集　人	川良 真理
発　行　所	株式会社 長崎文献社 〒850-0057　長崎市大黒町3-1　長崎交通産業ビル5階 TEL. 095-823-5247　FAX. 095-823-5252 本書をお読みになったご意見・ご感想を 下記URLまたは右記QRコードよりお寄せください。 ホームページ https://www.e-bunken.com
印　　　刷	日本紙工印刷株式会社

ISBN 978-4-88851-399-9 C0037